Génia & Aimé

Survivre ensemble à Auschwitz

ALISIO
L'éditeur des voix qui inspirent

Suivez notre actualité sur **www.alisio.fr**
et sur les réseaux sociaux LinkedIn,
Instagram, Facebook et Twitter !

Alisio s'engage pour une fabrication éco-responsable !
Notre mission : vous inspirer. Et comment le faire sans participer à la construction du meilleur des futurs possible ? C'est pourquoi nos ouvrages sont imprimés sur du papier issu de forêts gérées durablement.

Suivi éditorial : Hélène Bihéry
Relecture-correction : Audrey Peuportier
Maquette : Patrick Leleux PAO
Design de couverture : Raphaëlle Faguer
Photo de couverture : Collection privée de la famille

une marque des éditions Leduc
10, place des Cinq-Martyrs-du-Lycée-Buffon
75015 Paris
ISBN : 978-2-37935-115-0

Génia Obœuf
avec Vanina Brière et Arnaud Boulligny

Génia & Aimé

Survivre ensemble à Auschwitz

ALISIO
HISTOIRE

Préface

Lire Génia, c'est l'entendre. Non seulement parce que ce livre est la transcription de divers entretiens, généreusement accordée aux professeurs d'histoire, aux élèves, aux associations et journalistes, mais aussi parce que sa voix est étonnamment vivante. Génia est une rescapée du système concentrationnaire *et* de la Shoah, mais elle est infiniment plus, car elle n'entend pas laisser ses bourreaux, les nazis, définir son être et son existence. Elle est, plus profondément, une femme qui a rencontré le crime, l'horreur et la mort sans jamais abdiquer son humanité.

Question de caractère, peut-être, mais aussi, et plus sûrement, d'éducation. Génia est une enfant du *Yiddishland*, ce vaste territoire situé au cœur de l'Europe, avec un barycentre en Pologne, dont sa famille est d'ailleurs issue. Ses parents, pauvres et confrontés à l'antisémitisme d'une Pologne recréée par le traité de Versailles (1919), émigrent en Belgique, dont Génia, née en 1923, garde des souvenirs merveilleux. Elle y fait l'expérience d'une pédagogie intelligente, d'un antisémitisme presque inexistant et de la solidarité des émigrés juifs présents en nombre à Bruxelles.

La Belgique, c'est aussi le plurilinguisme, entre le polonais, le yiddish, le flamand et le français – cette langue de la Révolution française, de l'universalisme et des Lumières. Voilà une cause qui est chère à la famille Goldgicht, qui est juive et rouge, qui pense et voit le monde en termes de fraternité humaine, de solidarité universelle, de paix et d'amitié. Communistes, ses parents Motel et Marjem Goldgicht aident le Secours rouge international, qui a fort à faire dans les années 1930, pour porter secours aux Juifs et aux antinazis chassés d'Allemagne et d'Autriche, aux malheureux victimes de Mussolini, de Franco et de tous les tyrans dont l'Europe s'hérisse – seuls la France, le Royaume-Uni, la Belgique, les Pays-Bas et la Suisse restent des démocraties à l'Ouest avec, exception notable à l'Est, la Tchécoslovaquie jusqu'en 1938-1939.

Dans cette Europe en convulsions, la petite Génia Goldgicht prête main-forte à ses parents pour aller recueillir des dons dans les cafés de la diaspora juive :

> « Tous donnent pour l'aide aux réfugiés. Certains m'embrassent même ! Il existe alors une compréhension de ce que peuvent être les épreuves de la vie car beaucoup sont eux-mêmes des immigrés. Les mentalités ont tellement changé que j'ai l'impression de parler d'un autre monde ! »

Le sort des réfugiés d'aujourd'hui, dans la Nièvre où elle vit, avec son « tas de locaux fermés », lui paraît « inimaginable ». Génia conclut ainsi le portrait de son enfance :

> « C'est dans cette Europe en folie que j'ai grandi. Pour moi, la lutte contre le fascisme et le nazisme est totalement innée. Je n'ai jamais connu autre chose que cette solidarité internationale envers les gens opprimés et pourchassés et je ne conçois pas ma vie autrement, encore aujourd'hui. »

Sans la guerre déclenchée par les nazis, Génia aurait trouvé à exprimer son intelligence et sa bonté autrement. Habituée, comme d'autres citoyens du *Yiddishland*, à jongler entre les langues, elle a été une « très bonne élève » et confesse : « J'aurais aimé passer ma vie à apprendre, à faire de la recherche et à ingurgiter des connaissances. » Elle aurait été une éternelle étudiante, enseignante, professeure, elle dont la famille fréquentait « toute la littérature française [...] traduite en yiddish » et vivait dans « le rayonnement de la Révolution française [...] dont on peine peut-être aujourd'hui à mesurer l'importance » et qui, à l'époque, semble revivre dans l'union des gauches et les réformes de l'été 1936.

Le Front populaire, qu'elle vit avec son père, ainsi que la solidarité avec les républicains espagnols, constituent la face lumineuse d'une période qui prend fin avec la guerre voulue par les nazis, le 1er septembre 1939 en Pologne, puis le 10 mai 1940 à l'Ouest. Communiste, résistant, le père de Génia est arrêté par les Allemands et incarcéré pour ces motifs, avant qu'on ne le libère et qu'on ne le déporte pour la simple raison qu'il est juif. Méticulosité des polices allemandes, qui appliquent la double peine et qui poussent le respect formel des procédures jusqu'à l'absurde.

L'absurde a bientôt un nom et un lieu pour Génia, qui est dénoncée, arrêtée et déportée car elle est juive, avec sa mère, le 19 avril 1943. Elles sont acheminées « vers l'Est », vers un lieu où, selon le mot si fameux, si juste, de Primo Levi, « il n'y a pas de pourquoi ».

Après le voyage dantesque dans des wagons à bestiaux, après les « tours et les détours » d'un train qui freine, recule, s'immobilise, roule au pas, accélère sans que ses passagers, aveugles, n'y comprennent rien, les voilà jetées dans un non-lieu, une *utopie* dont seule la haine armée par la technique pouvait accoucher, un lieu inhumain, marqué par « un silence terrifiant » car « aucun enfant ne pleure ni ne crie. Aucun arbre à l'horizon, aucun chant d'oiseau non plus ». Le terminus du train porte pourtant un nom champêtre, bucolique – la « prairie aux bouleaux », *die Au der Birken*. Mais les arbres ont été coupés pour laisser pousser des baraquements, et le pré des bouleaux est devenu Birkenau.

Génia et sa mère passent la sélection : elles sont jeunes, en apparente bonne santé, elles peuvent servir à autre chose. Les vieux, les enfants, les malades et les malingres partent, eux, immédiatement à la mort car Birkenau est un lieu mixte, complexe, flanqué de ce que l'historien Raul Hilberg a nommé, en calquant la froide objectivité du langage nazi, un *killing center*. Pas un camp, non, car l'on n'y campe pas. On y débarque et on y demeure tout au plus quelques heures, le temps d'être assassiné, comme à Sobibor et Treblinka. Le sort des valides, de ceux dont on peut exploiter la force de travail, dont on peut user d'une manière ou d'une autre, est autre : ce sera le *Konzentrationslager*. Après la rampe, le portail : Génia quitte Birkenau (Auschwitz II), le centre de mise à mort et son gigantesque complexe concentrationnaire pour le *Stammlager*, le camp-souche d'Auschwitz I, avec sa devise en fer forgé (« Le travail rend libre »), ses pavillons en briques, ses allées au cordeau, ses jardinières. Elle est affectée au bloc 10 où sont enfermées, elle ne le sait pas encore, les femmes qui vont être utilisées comme de la chair à seringues et servir de cobayes aux médecins de la SS.

Parmi eux, le docteur Carl Clauberg, né en 1898, qui a obtenu son doctorat en 1925, suivi d'une spécialisation en gynécologie. Habilité à diriger des recherches en 1933, à l'université de Königsberg, il entre au parti nazi et dans la SA avant d'être nommé professeur extraordinaire (*i.e.*

non titulaire) dans cette même université. Les honneurs s'accumulent : en 1940, Himmler le nomme général SS de réserve (*SS-Gruppenführer*). Clauberg est une des gloires de la gynécologie : ses travaux sur les progestatifs, financés par l'industrie pharmaceutique allemande, lui permettent d'élaborer un test de grossesse encore connu aujourd'hui sous le nom de « test de Clauberg ». Affecté au camp d'Auschwitz en décembre 1942, il est chargé de mener toutes les expériences nécessaires à l'élaboration d'une méthode de stérilisation de masse. Le but de la SS, en charge des mouvements démographiques à l'Est ainsi que de la « solution finale », est de trouver un moyen de garder en vie une population slave, voire juive, à des fins d'usage ancillaire et d'exploitation économique, en empêchant ou en contrôlant la reproduction de ceux qui sont froidement considérés comme une simple biomasse.

Le « plan général pour l'Est » élaboré par les équipes du professeur docteur Konrad Mayer, géographe à l'université de Berlin, *SS-Standartenführer* et chef du « Commissariat du Reich pour le renforcement de la germanité » (*Reichskommissariat für die Festigung deutschen Volkstums*, ou *RKF*) prévoit en effet de réguler la démographie slave par la famine ou la stérilisation. Le docteur Clauberg pense avoir trouvé une méthode efficace : au lieu d'injecter ou de faire ingérer des substances chimiques, ce qui est coûteux en temps et en argent, il est possible d'irradier les matrices des femmes pour les brûler et les rendre impropres à la fécondation. Génia est ainsi soumise, avec ses compagnes d'infortune, aux expériences du docteur Horst Schumann, un ancien de l'opération T4 (70 000 morts parmi les « malades héréditaires » du Reich entre l'automne 1939 et l'été 1941), qui se déroulent dans le bloc 30 de Birkenau. Elle est « chanceuse » : elle passe dans l'appareil de radiation parmi les premières, tandis que le « médecin » augmente les doses au fur et à mesure que la colonne défile, brûlant gravement les dernières. D'autres sont victimes d'injections de substances inconnues, à des fins non précisées, et qui les font atrocement souffrir. Clauberg, lui, comme tant d'autres médecins nazis, vit un rêve : il dispose de cobayes à forme humaine, rencontre une occasion unique de faire avancer la science (et sa carrière) tout en servant les projets biopolitiques du Reich, appelé à conquérir, coloniser et asservir de vastes territoires.

Génia en réchappe, sans savoir si elle pourra un jour donner la vie. Elle connaît d'autres horreurs d'un univers concentrationnaire en pleine dislocation à partir de l'automne 1944. Il faut évacuer Auschwitz, le 18 janvier 1945, pour Ravensbrück, puis un commando du camp – un aérodrome, Neustadt-Glewe, dont il faut entretenir la piste, alors que la Luftwaffe n'existe pour ainsi dire plus. Du moins les prisonnières peuvent-elles consommer l'herbe du terrain d'aviation, brouté et arasé dans le dos des gardiens, de moins en moins nombreux.

Le plus incroyable, dans l'histoire de Génia, est que cette plongée, longue et profonde (deux ans !) dans un univers inhumain ne l'a pas privée de son humanité. Les mots qui reviennent le plus souvent, dans son récit, sont ceux de « solidarité » et d'« amour », bien incarnés par des figures lumineuses comme la doctoresse Adélaïde Hautval, jeune psychiatre qui refuse d'assister Clauberg et aide de ses soins et de ses conseils des détenues en immense détresse physique et psychologique : le ventre gonflé, à la suite des injections, est-ce une grossesse artificielle ? Non, c'est un symptôme physique de la faim.

Il y a aussi, et surtout, la rencontre avec Aimé, le bien nommé, résistant communiste, qui traverse lui aussi une multitude de camps, jusqu'à l'absurdité finale d'un transfert vers Ebensee, en Autriche, où d'immenses usines souterraines sont creusées dans la montagne pour produire de l'essence synthétique et des armes secrètes en 1945, dans l'effondrement final.

Le récit de Génia, qui épousera Aimé Obœuf après leur retour en France par des moyens différents, est la description précise, factuelle, d'un univers de mort, voué à l'assassinat de masse, à la destruction rapide et exhaustive d'êtres humains. Mais, par les valeurs morales qui l'animent, par l'amour qui la conduit, elle nous offre un hymne à la vie saisissant de densité et de vérité. Si une femme comme elle, qui a connu ce que l'homme peut faire à l'homme, n'a « jamais perdu cette espérance en l'espèce humaine », reste une « perpétuelle optimiste », s'exprime avec une humilité et une générosité saisissantes, ne pouvons-nous pas tenter de l'imiter un peu ? Par ses mots, par son inlassable pédagogie, elle nous y invite. Par son exemple, elle nous convainc qu'il est possible de mettre en échec les pires criminels de l'histoire : condamnée à mort, elle a survécu et a trouvé l'amour ; vouée à la déshumanisation, elle est restée une humaniste convaincue ; promise à la stérilité, elle a eu avec Aimé ces deux enfants dont nous entendons la voix dans ce livre. Ultime défaite des nazis, qui voulaient éteindre la vie jusque dans le ventre des femmes, en finançant des expériences monstrueuses. Éclatante victoire de la vie.

Johann Chapoutot

Très chère Génia,

Comment oublier notre première rencontre, un jour de juin 2012 à Périgueux, à l'occasion du congrès des amis de la Fondation pour la mémoire de la déportation. Ce soir-là, retenus par plusieurs adhérents, nous arrivons dans les derniers au repas de clôture. Les places sont déjà presque toutes occupées. Hélés par la délégation de la Nièvre, nous nous retrouvons assis, par hasard, à tes côtés. La conversation s'engage. Tu es si curieuse de tout. Notre travail à la fondation t'intéresse tout particulièrement. En quelques mots, avec beaucoup de pudeur, tu nous révèles ta déportation à Auschwitz. « Le camp des femmes à Birkenau ? » « Non, le bloc 10 au camp mère », réponds-tu sans en dire davantage. Pas besoin, tous ceux qui travaillent sur le sujet connaissent l'histoire dramatique de ce bloc où étaient regroupées les femmes servant de matériel humain aux médecins nazis. La discussion se poursuit. « Ton mari a été déporté aussi ? » « Un "45 000". » Nous finissons par poser la question qui nous tourne dans la tête. « Vous ne vous êtes tout de même pas rencontrés à Auschwitz ? »

Le lendemain, nous nous rejoignons à l'hôtel pour le petit déjeuner. Tu commences à nous livrer ton témoignage par le menu. Ton arrestation, la vie au bloc 10, les expériences que tu as subies, le sort tragique des « petites Grecques ». Impressionnés par la force de ton récit, nous sommes bien incapables d'avaler grand-chose ce matin-là. Ton histoire est si exceptionnelle qu'on pourrait la croire tout droit sortie de l'imagination d'un réalisateur hollywoodien célèbre. Mais, au-delà, c'est surtout le message qu'elle porte qui nous frappe d'emblée. Les nazis ont voulu assécher ton ventre, t'exterminer. Devenue mère, grand-mère et arrière-grand-mère, tu es le symbole de leur échec cuisant. À ton contact, nous sommes instantanément séduits par ta foi profonde en la nature humaine, ton incroyable optimisme, ton sens inné de la solidarité, ton esprit d'analyse aiguisé sur les enjeux de notre monde.

Au fil de nos rencontres et de nos échanges téléphoniques, nous t'incitons à mettre par écrit tes souvenirs. Tu te réfugies derrière une prétendue paresse et un manque de temps. Tu bottes en touche. Très pudique, tu refuses d'être placée sous les feux des projecteurs et doutes même de l'intérêt de ton récit. Mais nous ne désarmons pas. Nous finissons par te convaincre. Il est primordial que le message que tu ne cesses de diffuser auprès des jeunes puisse continuer à circuler quand tu ne pourras plus aller à leur rencontre. Tu les aimes tant. Pendant trois ans, nous nous retrouvons régulièrement au téléphone pour t'interviewer. Nous n'oublierons jamais ces moments privilégiés que tu nous as accordés avec beaucoup de gentillesse et de disponibilité. L'histoire de tes parents, ton engagement militant, les souvenirs de ta déportation, bien entendu, mais aussi nos discussions amicales sur nos vies, tes réflexions sur l'actualité du moment, ton rire… tes larmes aussi lorsque le Front national parvient au printemps 2017 au second tour de l'élection présidentielle.

Les choses s'accélèrent. Un premier manuscrit voit le jour. Selon ton souhait, il relève plus du roman jeunesse ou du docu-fiction que du témoignage à proprement parler. Toujours ce souci de ne pas te mettre en avant. Mais le résultat ne te plaît guère et tu ne te prives pas de nous le dire, c'est que tu as aussi ton caractère ! Qu'à cela ne tienne, nous ne voulons pas abandonner. Ton message est trop important. Avec ton accord, nous nous replongeons dans les dizaines d'heures d'enregistrement que nous possédons pour coller au plus près de ton récit.

Nous sommes saisis d'une urgence et nous nous lançons dans une véritable course contre la montre. À chacune de nos conversations, en effet, tu ne nous caches pas que ton état de santé se dégrade rapidement. Lorsque nous mettons un point final à cette nouvelle version, tu n'es malheureusement déjà plus en capacité de la lire.

C'est là certainement notre plus grand regret. Nous nous faisions une telle joie de venir t'apporter le texte en main propre à Nevers, comme nous te l'avions promis. Comme un ultime clin d'œil, tu t'en es allée le 27 mai 2021, journée nationale de la Résistance. Génia, nous espérons être à la hauteur de la confiance que tu nous as accordée et avoir retranscrit fidèlement ton témoignage puissant et vigoureux, mais aussi empreint d'une grande sobriété et d'une profonde humanité. C'est là sûrement que réside la dignité de ton récit. Toute ta vie, tu as été une militante des droits de l'homme, restant en éveil jusqu'au bout face aux dangers du monde actuel. Nous ne pouvons être qu'admiratifs face à un tel engagement et sommes honorés de contribuer à perpétuer ton message de vigilance et d'espoir auprès des générations actuelles et à venir.

Sans l'aide de ton fils Michel et de ta petite-fille Florence, ce livre n'aurait pas vu le jour. Nous tenons ici à les remercier chaleureusement pour leurs relectures précieuses et éclairées.

Vanina Brière et Arnaud Boulligny

À mes grands-parents bien-aimés.

Les petits enfants appellent souvent leurs grands-parents « papy et mamie ». Pour moi, vous resterez à jamais « pépé et mémé ».

Pépé Aimé, quel beau prénom ! Quel exemple ! Toi, cet homme si charismatique, humble, secret, taiseux, grand combattant des injustices.

Mémé Génia, petite, très coquette, au prénom peu courant, dévoilant une histoire dramatique et pourtant remplie d'espoir.

Vous nous avez quittés.

Se souvenir, transmettre, telle est la tâche qui nous incombe aujourd'hui.

Votre rencontre si singulière dans le camp de concentration et d'extermination d'Auschwitz méritait qu'on s'y arrête.

Tant de jeunes la connaissent déjà, Mémé, car tu n'as eu de cesse, toute ta vie, d'accomplir ce travail de mémoire contre l'oubli en allant à la rencontre des collégiens et des lycéens, afin que jamais cette atrocité ne se reproduise.

Défendre les valeurs démocratiques de notre République, incarnées par notre devise « Liberté, Égalité, Fraternité », était votre combat.

J'ai grandi sur le socle de votre histoire, avec beaucoup de bienveillance, dans l'idée que chaque homme, citoyen du monde, devait pouvoir vivre en paix, quelles que soient son origine, sa culture, sa couleur.

Vanina et Arnaud, merci d'avoir pris la plume pour retranscrire, fidèlement et patiemment, le témoignage de ma grand-mère.

Il était plus aisé pour elle de raconter son passé à des tiers plutôt qu'aux membres de sa propre famille. Son caractère affirmé cachait une douleur indélébile.

Mon père, Michel, porte le prénom de son frère disparu.

Je sais qu'elle refusait tout honneur par égard envers celles et ceux partis trop tôt, cependant il est essentiel aujourd'hui d'inscrire leurs noms à jamais dans notre histoire collective pour les générations futures.

Florence Obœuf

Avant-propos

Mes parents, Génia et Aimé Obœuf, se sont retrouvés, parmi des millions d'êtres humains, plongés dans l'horreur du système concentrationnaire nazi mis en place par le régime hitlérien dès sa prise de pouvoir en 1933. Les premiers camps, en Allemagne, reçurent les opposants antifascistes (communistes, socialistes, démocrates), puis les Juifs allemands.

Développant un discours démagogique, raciste, xénophobe et antisémite, le régime nazi, appuyé par les revanchards et industriels refusant la défaite de 1918, obtint le soutien massif de la population en proie à de graves difficultés économiques.

À partir de 1938, bénéficiant de la neutralité bienveillante des gouvernements occidentaux, l'Allemagne envahit l'Europe, appuyée par les régimes fascistes de Franco et Mussolini. Dès lors, vont se succéder les arrestations, les interrogatoires, les tortures, les exécutions, les rafles, les internements et déportations dans les territoires sous domination nazie.

En 1942, Hitler confie à Himmler la mise en œuvre de la « solution finale », au moyen de camps d'extermination massive. Ainsi, s'ouvrira le camp d'Auschwitz-Birkenau. Véritable usine de la mort, les convois de déportés s'y succéderont, accueillis par des gardiens SS hystériques accompagnés de leurs chiens hurlants. Les prisonniers les plus faibles seront immédiatement conduits vers les chambres à gaz, puis les fours crématoires.

C'est dans cet univers macabre que se rencontreront mes parents. Ils tisseront un lien très fort, véritable espoir qui leur permettra de survivre dans cet enfer. À la libération des camps, rescapés tous les deux, ils se retrouveront et uniront leurs destins jusqu'à leurs derniers jours. Ils consacreront toutes leurs forces à témoigner, notamment auprès des jeunes, en fidélité au serment prononcé par les rescapés sur les places d'appel : « Plus jamais ça ! »

Ma mère nous a quittés en 2021, à l'âge de 97 ans. Mais elle demeure vivante grâce au travail de transmission qu'elle a mené, tout au long de sa vie, auprès des siens et plus largement de la grande famille des humains. Ce livre en forme de témoignage est une invitation à la vigilance, à la résistance face aux discours démagogiques, racistes, xénophobes et antisémites qui représentent un danger, toujours latent, de remise en cause de la démocratie.

Michel Obœuf

Prologue

Quelque temps après notre arrivée à Auschwitz, une importante exécution a lieu dans la cour située entre notre bloc et le bloc 11, la prison du camp. Une exécution par balles, à un rythme très régulier, presque mécanique. La fusillade terminée, encore toutes tremblantes, nous quittons nos châlits et approchons des planches grossières masquant nos fenêtres. Par un nœud délicatement enlevé par nos soins, nous découvrons l'étendue du désastre : des monceaux de cadavres entassés près de la grande porte de sortie. Face à cette vision d'horreur, nous rebouchons sans attendre le trou dans le bois et regagnons nos couches.

Au bout de longues minutes d'un silence lugubre, nous sommes subitement sorties de notre torpeur par des chants s'élevant depuis la cour maculée de sang. Quelle surprise ! Des chansons françaises, pas des airs patriotiques, mais des mélodies de Charles Trenet et de Maurice Chevalier.

« Ce vieux clocher dans le soleil couchant
Ça sent si bon la France !
Ces grands blés mûrs emplis de fleurs des champs
Ça sent si bon la France !
Ce jardinet où l'on voit "Chient méchant"
Ça sent si bon la France !
À chaque gare un murmure,
En passant vous saisit :
"Paris direct, en voiture"
Oh ça sent bon le pays ! »

Intriguées, nous retournons à notre poste d'observation et découvrons un groupe de détenus occupés à évacuer les corps de ces malheureux. Quel enthousiasme, quelle vigueur ! Et quel réconfort pour nous aussi d'observer des prisonniers refuser ainsi de céder à l'abattement. Après le choc de la fusillade, leurs chants nous remontent immédiatement le moral, et la présence même de ces Français fait aussitôt naître parmi nous un espoir et une certaine curiosité.

Durant les premiers mois de notre détention, nous ne sortons que très rarement de notre bloc et vivons à l'étage. Nous sommes entre 400 et 500 femmes, toutes juives, enfermées sans activité. La livraison de la nourriture constitue dans ces conditions un petit événement. Elle consiste en de grands bouteillons de soupe très lourds et du pain livrés chaque matin par des détenus. Comme ils se trouvent en quarantaine et ne quittent pas le camp pour travailler, les Français du bloc 11 sont bientôt chargés de cette corvée et c'est ainsi que nous entrons en contact avec eux.

Par roulement, nous descendons pour faire l'inventaire de la nourriture qu'ils apportent. À chaque fois que je suis désignée pour cette tâche, les quelques mots échangés avec mes « compatriotes » constituent un moment d'évasion dans cet enfer. Je ne le sais pas encore, mais parmi eux se trouve l'homme qui va partager ma vie pendant près de soixante années et auquel je dois tant.

Chapitre 1

Mes parents, Motel et Marjem Goldgicht sont originaires d'Europe centrale. Ils sont nés en 1900 et 1905 à Radzymin, au nord-est de Varsovie. Au début des années 1920, ils sont contraints de quitter leur région natale en raison de la guerre que se livrent l'Armée rouge et les forces blanches contre-révolutionnaires. Leur ville est le théâtre de combats acharnés, tandis que les persécutions antisémites s'intensifient, poussant Motel et Marjem à gagner le quartier juif de Varsovie. J'y vois le jour, peu après leur arrivée, le 10 décembre 1923.

La vie est difficile pour mes parents. Mon père doit multiplier les petits métiers pour subvenir aux besoins de sa famille. La Pologne de l'époque, placée sous l'autorité d'un régime d'ultradroite, est par ailleurs terriblement hostile aux Juifs et aux militants communistes. Aussi mes parents décident-ils rapidement de trouver une terre plus accueillante. Mon père, ayant des connaissances en Belgique, prend le train pour Bruxelles où il entre en contact avec la communauté juive qui y est bien implantée. Quelques semaines plus tard, il nous fait venir à notre tour alors que j'ai à peine deux ans.

Mon enfance se déroule donc à Bruxelles et j'en garde, encore aujourd'hui, un souvenir particulièrement tendre. Mes parents s'installent dans un appartement situé dans le quartier populaire de la porte de Hal et de la rue Haute, pas très loin du quartier des Marolles où, très curieusement, il règne encore dans ces années-là une forte influence espagnole, héritage de l'occupation de Charles Quint. On y croise par exemple des personnes aux noms hispaniques très typiques et des femmes aux coiffures traditionnelles, cheveux plaqués à l'aide de peignes, accroche-cœur et de grandes créoles en guise de boucles d'oreilles.

Ma mère, comme la plupart des femmes de l'époque, ne travaille pas. Elle s'occupe de la maison, d'autant que la famille s'agrandit rapidement avec l'arrivée de mon petit frère Michel, le 10 juillet 1927. Elle fait la cuisine, veille au budget du ménage. Elle vient d'un milieu à la fois modeste et très cultivé. Lorsqu'elle dispose d'un peu de temps, elle le consacre à la lecture, sans doute sa plus grande passion. Elle est surtout férue de littérature française – cela m'a toujours étonnée d'ailleurs – et lit en yiddish Victor Hugo, Anatole France, Romain Rolland ou Émile Zola, des auteurs plutôt progressistes. Dans ces villages de l'est de la Pologne, toute la littérature française était traduite en yiddish. Les gens étaient très cultivés et influencés par la France. Curieuse de tout, ma mère est une vraie autodidacte. C'est une femme tout en retenue, presque un peu timide, à l'opposé de mon père, militant communiste très expansif, toujours par monts et par vaux.

Mon père, Motel, est lui aussi né dans une famille peu aisée mais instruite. Dès son adolescence, il s'attache à la cause des « Rouges ». À leur contact, il se forge une culture révolutionnaire et devient vite complètement athée. En 1917, quand éclate la révolution russe, il y participe tout naturellement du côté bolchevique. Il partage avec ma mère son amour pour la France, sa préférence allant aux idées humanistes des

Lumières. À Bruxelles, il décroche rapidement une place dans une grande maison chargée d'envoyer au Congo belge des aliments, des vêtements, de l'outillage, du matériel de forage permettant l'exploitation des énormes richesses que renferme cette colonie. Mon père n'est pas seulement laïc, il est antireligieux. Nous ne fêtons aucune fête juive. Fervent communiste, il milite au Secours rouge, une branche du Secours rouge international créé à l'initiative de la IIIe Internationale pour venir en aide aux réfugiés communistes. L'association entretient des liens étroits avec Paris où il se rend régulièrement.

Mon père a trois frères. L'un d'eux a rejoint les États-Unis tout de suite après la guerre en 1920, alors que les deux autres sont restés en Pologne, dans la partie anciennement russe. Ils ne s'écrivent pas souvent, mais nous avons tout de même des nouvelles à peu près suivies. De son côté, ma mère n'a quasiment plus de famille en Europe. En 1920, presque tout le monde est parti aux États-Unis. Seule une grand-mère demeure en Pologne. Chose très rare à l'époque, elle est morte centenaire quand les Allemands sont entrés dans Varsovie. Ma mère, quant à elle, a préféré rester en Pologne par amour pour mon père qui ne voulait pas émigrer et elle l'a épousé. Les échanges de lettres avec sa famille en Amérique sont très réguliers.

À Bruxelles, l'appartement que mes parents louent est très simple, mais j'y ai ma propre chambre que je partage avec mon frère Michel après sa naissance. Mon quotidien, c'est l'école et les copains du quartier avec lesquels je parle le bruxellois, mélange de flamand et de wallon, une exception en Belgique ! Nous sommes très rapidement intégrés. Dans ma classe, à l'école de filles, nous sommes six Juives parmi la trentaine d'élèves, dont certaines, arrivées très récemment, parlent encore mal le français. Mais cette situation ne pose problème à personne, l'antisémitisme n'existe pas. Du reste, les cinq meilleures élèves de la classe, dont je fais partie, sont toutes d'origine étrangère. J'ai grandi dans cet environnement de Juifs émigrés, mais sans jamais sentir de différences avec la population belge.

Dans ce quartier populaire peuplé de familles modestes, on ne se permet pas de dépenses futiles. Les enfants s'amusent avec peu. Nous passons notre temps dehors à inventer des jeux. Celui que je préfère est celui du tram : notre école étant située dans un tournant, nous ne le voyons pas arriver, alors dès que nous l'entendons approcher, nous essayons de deviner son numéro ! Notre immeuble se trouve juste en face d'un immense parc qui constitue notre terrain de jeu favori. Tous les ans, une grande fête foraine vient s'y installer pendant un mois et nous n'avons, mon frère et moi, que la rue à traverser pour nous y rendre. Bien que les attractions soient chaque année les mêmes, c'est toujours un rendez-vous que nous attendons avec impatience. Nous y allons chaque jour ou presque et, parfois même, nous arrivons à convaincre nos parents de nous accompagner. Ces sorties en famille restent à jamais gravées dans ma mémoire.

Le quartier où nous habitons est très mélangé et les maisons constamment ouvertes. On se reçoit très fréquemment entre voisins, c'est pour ainsi dire une vie en communauté, à mille lieues de celle d'aujourd'hui où chacun reste enfermé chez soi. Parfois, je suis invitée chez mes amis et c'est alors l'occasion de découvrir d'autres manières de vivre, d'autres plats, des saveurs nouvelles. Certains soirs, nous nous rendons chez ceux qui possèdent une radio pour écouter toutes sortes d'émissions : feuilletons radiophoniques, actualités, musique. Parmi ces soirées, je n'oublierai jamais celles où nous nous regroupions autour du poste pour écouter les discours d'Hitler qui nous flanquaient la chair de poule. J'allais entrer au collège et les discussions que nous avions ensuite pouvaient durer jusque fort tard dans la nuit.

Depuis ma plus tendre enfance, je maîtrise plusieurs langues comme mes parents. Avec les visiteurs, ces derniers parlent souvent encore le yiddish qu'ils utilisent aussi avec nous, même s'ils essaient de privilégier le français dans nos conversations. Michel et moi le parlons aussi, tout comme le polonais. J'ai même appris à l'écrire, mais je ne m'en souviens malheureusement plus aujourd'hui. À l'école, bien sûr, je parle le français. Je l'ai très rapidement appris, tout comme mon père à qui six mois ont suffi pour maîtriser le français et le flamand. Je parle également le flamand puis, à partir de la sixième, je commence à étudier l'allemand. J'aime beaucoup l'école, en particulier le français, ma matière favorite, je suis une très bonne élève. J'aurais aimé passer ma vie à apprendre, à faire de la recherche et à ingurgiter des connaissances.

L'instruction dispensée alors en Belgique se révèle très complète et les méthodes d'apprentissage sont plutôt novatrices. À l'entrée au collège, par exemple, nous recevons des leçons d'éducation sexuelle et des cours d'anatomie. Nous utilisons un torse en plâtre sur lequel nous pouvons défaire puis remettre les différents organes. Nous suivons aussi, nous les filles, des cours d'économie domestique pour apprendre à coudre et à tricoter. Pendant ces travaux manuels, une lectrice nous donne des leçons de morale sur des sujets aussi divers que l'ivresse, la paresse, les violences conjugales. Nous avons, enfin, des leçons de natation – il existait à l'époque deux très grandes piscines à Bruxelles –, des cours de théâtre et d'histoire de l'art, et ce dès l'école primaire. Nous disposons, en conséquence, d'une connaissance assez solide de la peinture, depuis les primitifs flamands jusqu'au début du XXe siècle.

À partir de l'âge de 12 ans, et jusqu'à l'invasion de la Belgique par les nazis, je pars chaque année en vacances dans le nord du pays, sur le littoral de la mer du Nord. Chaque fois, c'est un vrai dépaysement ! Là-bas, les coutumes, la manière de vivre, la nourriture nous font oublier notre quotidien bruxellois. Nous logeons toujours chez la même famille dont les membres deviennent au fil du temps de vrais amis. Mes parents restent avec Michel et moi pendant quinze jours, puis nous laissent sur place deux semaines supplémentaires profiter de la mer.

J'ai le souvenir d'une vie de famille très unie, tournée aussi vers la culture. Nous allons par exemple souvent dans les musées avec mes parents. Nous sommes curieux de tout, surtout de la culture française. À l'époque, le rayonnement de la Révolution française est quelque chose dont on peine peut-être aujourd'hui à mesurer l'importance. Dès ma prime enfance, je suis baignée dans cette France des Lumières prônant l'émancipation des peuples, l'ouverture d'esprit ou l'athéisme. C'est dans cet environnement très progressiste que je grandis et m'épanouis.

J'acquiers ainsi rapidement une conscience politique. En 1936, j'ai 12 ans et je ne suis plus tout à fait une enfant. Je garde des souvenirs extrêmement précis de cette époque. Je me rappelle, notamment, des déplacements que nous faisions à Paris, mon père et moi, au moment du Front populaire, pour participer aux manifestations. Nous logions à cette occasion dans le IVe arrondissement, chez une tante. Je revois encore la rue de Rivoli envahie par les ordures amoncelées devant chaque porte, en raison des grèves. Une image tout bonnement incroyable !

La vie culturelle et associative est particulièrement riche à Bruxelles dans ces années-là. Je fais partie de plusieurs associations, comme celle des amis de la presse. La communauté juive reçoit la *Naïe Press* (la Presse nouvelle) qui vient de Paris où elle a vu le jour en 1934. C'est en quelque sorte *L'Humanité*, mais en yiddish. Nous nous retrouvons aussi dans les fêtes commémoratives comme le 1er Mai ou lors de rencontres sportives. Moi, je ne suis pas sportive du tout, à part la natation, je suis plutôt zéro ! Mais j'assiste aux compétitions pour encourager les autres. Ces rencontres sportives ont lieu toutes les semaines localement, et les rencontres internationales deux fois par an.

En tant que responsable du Secours rouge à Bruxelles, mon père doit organiser l'accueil des réfugiés qui fuient l'Allemagne nazie à partir de 1933, pour l'essentiel des gens de gauche, syndicalistes, protestants ou communistes, à la merci d'une arrestation dans leur pays. Ces hommes arrivés seuls en Belgique, sans femme ni enfants restés en Allemagne, sont répartis dans les familles aux idées antifascistes. Nous ne sommes pas bien riches, mais nous les accueillons et partageons notre nourriture avec eux. Une dizaine de personnes dorment ainsi en permanence chez nous, par terre, et il faut souvent les enjamber pour se déplacer dans notre petit appartement où je dois céder mon lit contre une paillasse, bien rembourrée, posée à même le sol.

Des associations essaient de porter assistance à ces réfugiés et j'accompagne mon père pour les collectes. Dans certains milieux juifs, les gens aiment à se retrouver dans les cafés pour jouer aux cartes. Nous en faisons la tournée et je n'ai pas le souvenir d'un seul refus ni d'aucune hostilité. Tous donnent pour l'aide aux réfugiés. Certains m'embrassent même ! Il existe alors une compréhension de ce que peuvent être les épreuves de la vie car beaucoup sont eux-mêmes des immigrés. Les mentalités ont tellement changé que j'ai l'impression de parler d'un autre monde ! Quand je vois aujourd'hui les difficultés pour intégrer quelques malheureux migrants réfugiés dans la Nièvre, mon département, où un tas de locaux sont fermés, et avec les richesses que nous possédons, c'est inimaginable !

Lorsque commence la guerre d'Espagne en 1936, ces réfugiés antifascistes sont nombreux à rejoindre clandestinement les Brigades internationales. Trois ans plus tard, après la victoire de Franco sur l'armée républicaine, les réfugiés espagnols qui arrivent en Belgique bénéficient de la même solidarité de la part des Bruxellois.

C'est dans cette Europe en folie que j'ai grandi. Pour moi, la lutte contre le fascisme et le nazisme est totalement innée. Je n'ai jamais connu autre chose que cette solidarité internationale envers les gens opprimés et pourchassés et je ne conçois pas ma vie autrement, encore aujourd'hui.

Chapitre 2

Aimé est né le 16 avril 1912 à Burbure, dans le Pas-de-Calais. Il est le quatrième enfant d'une fratrie de huit. L'aînée et la benjamine sont des filles qui encadrent une flopée de garçons. Ses parents, Jeanne et Florival Obœuf, sont originaires tous les deux de Norrent-Fontes, une petite commune rurale d'un peu plus d'un millier d'habitants située entre Arras et Calais. Le père d'Aimé est un laïc fervent, plutôt socialiste que communiste. Il fait partie de ces ouvriers agricoles qui ont quitté la terre pour les mines lorsque les charbonnages ont ouvert. La vie est très difficile, mais il règne chez les gens des corons une générosité et un sens social tellement profonds.

À partir d'août 1914, après le déclenchement de la Grande Guerre, le Pas-de-Calais se retrouve au cœur des opérations militaires. Aimé et les siens doivent s'abriter la nuit dans la cave de leur maison. Ils assistent aux mouvements de soldats venus de tout l'Empire britannique, notamment des Indiens. Aimé les observe descendre du front, transportant leurs blessés dans de grandes charrettes. L'image de ces corps meurtris le marque profondément. La mobilisation de Florival constitue une épreuve supplémentaire. Comme toutes les familles de Burbure, face à l'avancée allemande, Jeanne et ses enfants sont finalement évacués à Morlaix, dans le Finistère. Blessé au front, Florival parvient à les rejoindre un peu plus tard.

Les Obœuf séjournent ainsi en Bretagne quelques années. Démobilisé, Florival est affecté dans une usine de munitions de la ville tandis que sa femme s'improvise cartomancienne pour gagner quelques sous. Elle raconte un peu n'importe quoi, mais les Bretons croient curieusement à ses prédictions. Certes, la famille ne roule pas sur l'or et la cohabitation entre populations est parfois à l'origine de sérieux accrochages. Avec leur patois, les gens du Nord sont vus comme des étrangers, comme des Boches. À l'école, notamment, les récréations sont souvent le théâtre de bagarres entre élèves. La population locale est très catholique pratiquante, alors que les enfants de mineurs déplacés sont issus de milieux particulièrement athées et anticléricaux. Quelques mois après la fin de la guerre, les Obœuf sont rapatriés à Burbure.

Aimé va à l'école. Chaque matin, il doit parcourir cinq à six kilomètres et emmène sa gamelle pour le déjeuner. Malgré un esprit vif et inventif, il n'a jamais été très scolaire. Curieux de tout, il se montre incroyablement ingénieux et il est par exemple capable de monter de petits appareils de TSF à oreillons. Il peut tout aussi bien donner un coup de main pour le vêlage d'une vache. Il se passionne également pour la photographie et développe lui-même ses clichés. Dans cette famille aimante et soudée, la vie est ponctuée par les fêtes populaires et traditionnelles : carnavals, bœuf gras, kermesses… Aimé, qui adore la musique, ne manque jamais une de ces fêtes qu'animent les fanfares de villages. Il apprécie aussi la lecture, il lit un peu tout ce qu'il lui tombe sous la main, de la poésie au roman en passant par le théâtre. Il aime beaucoup s'amuser et malgré les difficultés du quotidien, il évolue dans un milieu rempli de joie collective.

Aimé descend à la mine dès l'âge de 13 ans. Son père et ses frères aînés y travaillent déjà. Mais, gazé au front, Florival souffre de plus en plus des poumons et n'est rapidement plus en état de descendre au fond du puits. Il s'investit alors comme délégué syndical des mineurs et organise les réunions. C'est à son contact qu'Aimé découvre la politique et commence à militer. Parmi les mineurs, il côtoie de nombreux Polonais et apprend les rudiments de leur langue. Il ne le sait pas encore, mais cette initiation lui sera par la suite bien précieuse.

Cependant, les salaires d'Aimé et de ses frères ne suffisent pas à subvenir aux besoins de toute la famille. Florival, qui supporte mal de vivre aux crochets de ses fils, décide de devenir commerçant sur les marchés avec sa femme Jeanne, très coquette et ambitieuse. Elle a obtenu le certificat d'études avant la guerre, alors que Florival ne sait ni lire ni écrire. Ils se spécialisent d'abord dans les vêtements, notamment les chemises et les accessoires de mode comme les casquettes et les chapeaux. Ils vendront, pendant un temps, des cacahuètes grillées qu'ils préparent dans un four à pain. Malgré tout, la santé de Florival continue à se dégrader et les effets de la crise de 1929 se font ressentir jusque sur les marchés du nord de la France. Face à cette situation, Jeanne convainc la famille de descendre à la capitale, un rêve qu'elle poursuit depuis de longues années, espérant que ses fils y trouvent un travail moins pénible.

Toute la famille déménage donc en région parisienne, à Fontenay-sous-Bois d'abord, puis à Vincennes. Aimé a alors 17 ans et il est rapidement embauché à la Cité du vin de Charenton où il grimpe très vite les échelons jusqu'à devenir maître de chai. C'est aussi un jeune homme de son temps qui profite de toutes les distractions qu'offre la Ville Lumière. Il aime se rendre au théâtre, assister à des concerts ou participer à des fêtes. Cette vie d'insouciance prend momentanément fin en 1932 quand il est appelé pour effectuer son service militaire. Au sein de son unité, avec un copain de Beauvais, il monte une section clandestine du Mouvement de la paix, créé par le Parti communiste. Une association pacifique au cœur d'un régiment, il fallait vraiment oser !

Démobilisé en 1934, Aimé rentre chez lui et reprend sa place à la Cité du vin de Charenton.

Quelques mois plus tard, le 1er décembre, il épouse une voisine d'origine hongroise, Hélène Liska, de trois ans sa cadette. Le jeune couple s'installe au numéro 79 de la rue de France, à Vincennes. Aimé n'est pas à proprement parler amoureux, mais ce mariage lui permet de gagner son indépendance et de quitter le foyer familial. Un petit garçon naît de cette union peu après, en 1936.

En 1935, Aimé accompagne pour la première fois son frère aîné à une réunion du Parti communiste. Il y adhère dans la foulée et participe aussitôt activement à l'action militante, à commencer par l'accueil des premiers réfugiés antifascistes allemands et autrichiens, puis des familles espagnoles à partir de 1936. Ils sont hébergés chez les militants, malgré leurs modestes moyens, dans une semi-légalité car l'arrivée de ces « Rouges » espagnols est mal perçue par une grande partie de la population française.

Peu après le déclenchement de la guerre d'Espagne, Aimé se porte volontaire pour partir combattre dans les rangs de l'armée républicaine, mais sa cellule rejette immédiatement sa proposition. Il est un collecteur bien trop doué pour qu'elle se prive de ses services. Durant les grands mouvements sociaux de 1936-1937, Aimé participe à l'organisation d'une grève sur son lieu de travail. Elle durera sept mois entiers. Jamais à court d'idées, il met en place une brigade à moto pour récupérer de l'aide alimentaire sur les marchés des environs. Aimé conduit avec beaucoup d'ardeur les négociations avec la direction qui, si elles aboutissent à une augmentation conséquente des salaires pour le personnel, lui coûtent aussi sa place, sa qualité de délégué syndical le désignant comme un fauteur de troubles. Il doit alors enchaîner les petits boulots puis, quand la situation se tasse enfin pour lui, il retrouve sa place dans ses chais qu'il aime tant, sans toutefois cesser de militer.

Aimé vend *L'Humanité* au coin des rues où les gens s'arrêtent souvent un moment pour discuter en achetant le journal. Il se débrouille si bien que sa cellule le désigne bientôt comme le champion de France des vendeurs de journaux ! Il est très occupé par cette activité et aussi par la recherche d'hébergements pour les réfugiés. C'est une expérience commune que nous avons eue tous les deux dans notre jeunesse. Grâce aux contacts qu'il noue au cours de ses activités, il parvient par exemple à placer des réfugiés chez des restaurateurs de Vincennes et de Fontenay, sympathisants du parti, qui leur offrent pour quelques jours le gîte et le couvert.

Chapitre 3

Le 10 mai 1940, les troupes allemandes déclenchent leur offensive vers l'ouest mettant ainsi fin à la drôle de guerre. Nous sommes, ce matin-là, réveillés subitement par le vrombissement des avions dans le ciel et le fracas des bombardements. Nous nous précipitons alors aux fenêtres et découvrons avec surprise une avant-garde de l'armée française en motocyclettes. La population enthousiaste sort les applaudir, leur jette des fleurs. Malheureusement, la joie est de courte durée puisque, deux jours plus tard, ces soldats se retirent précipitamment devant l'avancée foudroyante de l'armée allemande.

Lors de la Grande Guerre, la Belgique avait été complètement occupée pendant de longues années. Aussi, le gouvernement belge qui craint de revivre la même situation se résout-il à évacuer la population civile. Des trains entiers sont rapidement constitués pour la France. Or, les Allemands progressent tellement vite que cette opération ne dure que quatre jours seulement. Ma mère, Michel et moi, nous nous rendons à la gare du Midi et attendons au milieu d'une foule immense notre tour pour monter dans l'un d'eux. Mon père n'est plus avec nous depuis des mois car il s'est engagé dès l'annonce de la déclaration de guerre. Ce départ précipité se fait avec le strict minimum, quelques documents et papiers de famille, de l'argent et des bijoux, nos vêtements les plus précieux, rien d'autre !

La marche des soldats allemands est si rapide qu'en cinq semaines à peine, ils sont contre toute attente aux portes de Paris. Pour nous, la France était un bastion imprenable, nous ne pouvions imaginer que les Allemands puissent si rapidement l'envahir. Du haut de mes 16 ans, je ne prends pourtant pas du tout la mesure de la gravité de la situation. Cette évacuation constitue en effet pour moi une aventure extraordinaire et une source d'émerveillement à chaque étape. Je traverse tout un pays et vois défiler devant mes yeux des villes qui m'ont toujours fait rêver.

Au bout d'un peu moins de deux semaines de voyage, après un arrêt à Bordeaux et un changement de train, nous arrivons enfin à Ax-les-Thermes, un gros village des Pyrénées, pas très éloigné d'Andorre, où nous sommes accueillis très chaleureusement par la population. La gendarmerie nous répartit alors dans les petits hameaux dispersés autour d'Ax. Dans les monts de l'Ariège, les maisons inhabitées ne manquent pas. Avec Michel et ma mère, nous sommes installés à Ascou, dans une ferme perdue dans la montagne.

La maison où nous logeons est très rudimentaire : au rez-de-chaussée, une cuisine avec une grande cheminée où pend une crémaillère pour accrocher les casseroles, et derrière cette pièce, une étable qui abrite les vaches en hiver, permettant ainsi de chauffer la maison. On accède à l'étage par une échelle de grenier, il est sommairement meublé d'une grande table, de quelques coffres pour le linge et de deux ou trois lits clos. À mon grand étonnement, cette maison si rustique qui a sans doute appartenu à un prêtre, regorge de livres. Beaucoup d'ouvrages religieux bien sûr, mais aussi des romans en particulier ceux de Victor Hugo. Je me souviens aussi d'une série de volumes reliés, les

Prônes de Cochin. C'est en venant en France après la guerre que j'apprendrai qui était ce fameux Cochin*.

Sur place, la solidarité est immédiate avec la population pourtant très pauvre. Les gens nous apportent ce dont nous avons besoin : du pain, de la nourriture, du savon, quelques vêtements… Ils partagent avec nous le peu qu'ils possèdent. L'accueil est d'autant plus chaleureux que ces villages, qui vivent pour l'essentiel de l'agriculture, ont été vidés de leurs hommes depuis l'ordre de mobilisation. Les femmes, restées seules avec les personnes âgées, sont heureuses de pouvoir compter sur notre aide pour les travaux des champs, en particulier pour les moissons. À notre descente du train, la gendarmerie nous a fait remplir des papiers, aussi sommes-nous là en toute légalité. Mon père vient nous rejoindre après sa démobilisation à Toulouse et nous nous trouvons de nouveau réunis dans ce coin de France où jamais nous n'aurions pensé mettre les pieds !

---

* Jean-Denis Cochin est un prêtre français né à Paris en 1726. Il est le fondateur de l'hôpital qui porte son nom depuis le début du XIXe siècle. Il avait la particularité d'improviser en grande partie ses instructions aux fidèles. Ses prônes ont été publiés après sa mort, en 1786, contre sa volonté.

Mais ce séjour merveilleux en montagne va prendre fin brusquement. En octobre-novembre 1940, la gendarmerie vient chercher les réfugiés des hameaux pour les conduire à Agde en camion. Notre nom, Goldgicht, ayant une consonance étrangère, nous nous retrouvons dans un camp d'internement très sommaire, logés dans des baraques sans lits ni toilettes*. On sentait que rien n'avait été prévu pour nous accueillir et que tout avait été improvisé à la hâte. Pour la première fois de ma vie, je vois des Asiatiques car des soldats indochinois vivent juste à côté de nous. De nombreux Allemands antinazis, arrêtés en région parisienne en 1939 et évacués de leurs prisons au moment de l'attaque allemande, sont là également. Notre camp, déjà surpeuplé à notre arrivée, ne cesse de recevoir de nouveaux entrants.

Au bout de deux mois passés à Agde, face à cet engorgement, nous sommes transférés au camp de Rivesaltes, en camion. Cette fois, il s'agit d'un « vrai » camp, énorme, un casernement tout neuf prévu pour les militaires et

* Conformément à la loi de Vichy du 4 octobre 1940 qui permet l'internement immédiat des « ressortissants étrangers de race juive ».

surveillé par la police française. Nous mettons rapidement un rituel en place afin d'occuper nos journées. Nous commençons par ranger nos affaires, avant de faire un brin de toilette. Comme nous sommes autorisés à quitter momentanément le camp – il suffit de demander un bon de sortie –, nous nous rendons ensuite en ville afin de trouver de quoi améliorer un peu l'ordinaire. Une occupation de fourmis, pour nous aider à survivre en réalité ! Le soir, nous couchons tous ensemble, les uns à côté des autres, par rangées de cinquante, sans lits, nos valises et effets personnels faisant office de séparation entre les familles. La nourriture distribuée par l'armée est plus que sommaire ; le rationnement est déjà instauré. Heureusement, nous sommes restés en contact avec nos hôtes d'Ascou qui réussissent à nous faire parvenir de grands pains campagnards, très durs mais qui se conservent longtemps, ainsi qu'une couverture et un morceau de savon. Nous leur devons beaucoup et savons qu'ils se sont privés pour nous.

Les recensements opérés par la gendarmerie à Ascou, puis à Agde, ont le don d'inquiéter mon père, de même que la discipline de plus en plus stricte qui est instaurée à Rivesaltes. Persuadé que les choses risquent de mal tourner, il décide que nous devons nous évader et tenter de rejoindre la Belgique. Sortir du camp est une chose plutôt aisée. Le commandant est débordé et les gardiens laissent les internés aller et venir assez librement. Reste cependant à trouver une filière pour passer en zone occupée et mon père va rapidement confier cette mission à la fille d'une famille d'amis juifs autrichiens qui partage notre sort depuis l'évacuation de Bruxelles.

Les Löwy, puisque tel était leur nom, avaient été contraints de fuir l'Autriche à la toute fin des années 1930 après l'annexion de leur pays par Hitler. À leur arrivée en Belgique, c'est mon père qui les avait accueillis et une forte amitié s'était développée entre nos deux familles. Leur fille Meri avait à peu de chose près le même âge que moi. Elle était très grande, blonde aux yeux bleus et parlait parfaitement l'allemand. Une vraie aryenne en somme ! À Agde et à Rivesaltes, elle faisait office d'interprète pour les réfugiés juifs autrichiens et se montrait particulièrement futée et débrouillarde. C'est la raison qui avait poussé mon père à l'envoyer en éclaireur pour nous ouvrir la voie jusqu'à Bruxelles. Il ne se trompait pas puisqu'elle nous dénicha, en moins de rien, un passeur et revint très vite nous chercher. C'est aux alentours de

Tours que nous avons franchi la ligne quelques jours plus tard, avant de regagner la Belgique en passant par Paris.

Nous étions au début de 1941 et nous avons retrouvé notre appartement totalement intact. Nos voisins, qui vendaient et réparaient des machines à coudre, l'avaient surveillé pendant notre longue absence. Tout était demeuré tel que nous l'avions laissé au moment de notre départ précipité pour la France. Les Löwy réintégrèrent aussi leur appartement, mais Meri avait quant à elle décidé de repartir en France pour aider les réfugiés qui y étaient internés. Elle rejoignit une filière d'évasion, mais finit par être arrêtée à Bordeaux, puis internée au camp de Mérignac. Elle est morte quelque temps après à Birkenau, mais ça je ne devais l'apprendre qu'après la guerre*.

* Il s'agit sûrement de Mary Lowy (ou Löwy), née le 20 octobre 1923 à Vienne, en Autriche, et domiciliée chaussée de Wavre à Bruxelles. Internée à Drancy venant de Bordeaux, elle est déportée dans le convoi n° 7 du 19 juillet 1942. Elle n'a pas survécu.

Chapitre 4

En 1938, alors que naissent de vives tensions avec Hitler au sujet des Sudètes, Aimé est mobilisé en tant que réserviste. Après l'écrasement de trois doigts au cours d'un exercice, il décide de regagner son foyer, sans être pourtant officiellement démobilisé. Par prudence, il avertit la gendarmerie de sa situation, ce qui lui évite probablement d'être inquiété. En septembre 1939, Aimé est de nouveau mobilisé comme artilleur et stationne à Sedan lors de la drôle de guerre. Il combat ensuite en Alsace, à Guebwiller, puis à la bataille de l'Ailette avant que le front ne soit enfoncé. Au moment de la débâcle, il se trouve à Épernay quand son cheval est tué. Aimé parvient à dénicher un vélo, mais dans cette débandade inouïe, il perd le contact avec son unité. À Brassac-les-Mines, dans le Puy-de-Dôme, il finit par tomber sur un colonel, occupé à faire traverser l'Allier à ses hommes, auprès duquel il vient prendre ses ordres. Celui-ci ne lui livre qu'un conseil : prendre la route et ne plus s'arrêter !

Appliquant à la lettre la consigne qui lui a été donnée, Aimé traverse une partie du territoire pour se retrouver à Castres dans le département du Tarn. Il y est un temps chargé de garder un pont avec d'autres soldats. Mais la rumeur enfle parmi eux d'un départ prochain pour le Moyen-Orient. Alors, lorsqu'on annonce que les maraîchers de la région parisienne sont démobilisables, Aimé déclare exercer cette profession pour ne pas quitter la France. Il est finalement démobilisé le 30 août 1940.

Aimé rentre chez lui à Vincennes où il retrouve sa femme et son fils. Il reprend immédiatement contact avec ses anciens amis du Parti communiste, officiellement interdit depuis sa dissolution par le gouvernement Daladier en septembre 1939. Dès cette époque, des cellules clandestines se reforment un peu partout, dont une à Vincennes qui compte de nombreuses femmes. Les premières actions d'Aimé et de son petit groupe consistent à crever les pneus de voitures allemandes et à pavoiser des rues de drapeaux tricolores accrochés aux fils électriques. Le 11 novembre 1940, il dépose avec un camarade une gerbe au monument aux morts de Vincennes dont l'armée allemande, à son arrivée, a fait sauter la statue représentant un Français pointant sa baïonnette sous la gorge de l'un de ses soldats. Dans les premiers temps, l'activité de propagande occupe une place importante, avec le collage de papillons, la distribution de tracts antiallemands, comme l'appel du 10 juillet signé par deux cadres du parti, Maurice Thorez et Jacques Duclos, qu'Aimé glisse sous chaque porte de l'avenue de Paris à Vincennes, avec son copain Marcel.

L'action armée ne vient qu'ensuite avec la création de l'Organisation spéciale regroupant des membres aguerris chargés de coups de main et du service d'ordre du parti. Aimé rejoint cette structure au début de 1941, puis en devient assez vite le responsable pour le secteur de Vincennes-Montfermeil-Rosny, à l'est de Paris. Parmi les missions qui lui sont confiées, il doit surveiller et filer Charles Delval, un ancien conseiller général communiste de Charenton-Alfortville passé au Parti ouvrier et paysan français ouvertement collaborationniste. Il reçoit bientôt l'ordre de le liquider, mais il n'aura pas le temps de mener à bien cette mission.

Aimé l'ignore encore, mais il est étroitement surveillé depuis plusieurs mois. Avant la guerre, il s'était retrouvé quelques fois au commissariat. La police n'est pas sans savoir qu'il continue à militer malgré les interdictions visant le Parti communiste et ses membres. Une note de la direction des renseignements généraux, datée du 16 octobre 1941, confirme par exemple que « membre très actif du Parti communiste avant la guerre, vendant chaque dimanche le journal *L'Humanité*, M. Obœuf a conservé toute sa sympathie à ce parti et reste en contact avec d'autres membres* ».

Au début de 1942, les rafles visant les communistes se multiplient à Vincennes et Fontenay-sous-Bois. Pour mener cette répression, la police s'appuie sur les listes d'adhérents dont elle dispose dans ses services et renforce la surveillance de leurs domiciles. Aimé, qui

---

* Dossier d'attribution de titre d'Aimé Obœuf conservé aux Archives des victimes des conflits contemporains du Service historique de la Défense (21P606250).

est passé dans une clandestinité totale, revient très rarement chez lui. Le 28 avril 1942, vers 7 heures du matin, alors qu'il se présente à son appartement pour récupérer un peu de linge et de nourriture, il est appréhendé par un soldat allemand et un gardien de la paix. Son arrestation s'inscrit dans une vaste opération de police lancée dans tout le département de la Seine contre les militants communistes à la suite d'un attentat commis à Paris quelques jours plus tôt, le 20 avril, à la station de métro Molitor contre un membre de la Wehrmacht.

Aimé est conduit au commissariat, puis à la mairie du XXe arrondissement. Il y est rapidement interrogé et retrouve de nombreux camarades qui viennent eux aussi d'être arrêtés. Le lendemain, ils sont internés au camp de Royallieu à Compiègne dans l'Oise, en vue de leur déportation. À partir d'août 1941, les autorités militaires allemandes choisissent de répondre à la multiplication des attentats contre leurs soldats par des exécutions d'otages puisés principalement parmi les communistes. Mais Hitler juge leur effet insuffisant et réclame des mesures supplémentaires. Aussi le commandement militaire allemand décide-t-il d'ajouter aux fusillades, des déportations massives d'otages communistes, mais aussi juifs. C'est dans ce cadre que sont organisés les premiers départs de Compiègne. Le 27 mars et le 5 juin 1942, deux convois d'un millier d'otages juifs prennent la direction du camp d'Auschwitz en Pologne. Aimé fait partie du suivant composé de 1 100 otages « politiques », principalement des militants et sympathisants communistes comme lui, mais aussi d'une cinquantaine de Juifs restés à Royallieu après le départ des deux premiers trains.

Le 6 juillet 1942, à l'aube, les hommes désignés pour ce transport sont rassemblés sur la place d'appel du camp. Aimé se souvient avoir reçu une boule de pain et trois camemberts pour le voyage. Vers 6 heures, les détenus se mettent en marche pour rejoindre la gare en défilant, sous bonne escorte, à travers la ville de Compiègne. Sous les ordres hurlés en allemand, ils doivent prendre place dans les wagons à bestiaux qui les attendent. L'opération prend un peu de temps et, vers 9 h 30, alors que les dernières portes des wagons sont plombées, le train peut enfin s'ébranler. Les passagers n'ont qu'une vague idée de l'endroit où on les conduit. On leur a parlé de l'est de l'Europe, sans plus de précision. Avant la frontière avec le Reich, certains parviennent à jeter sur la voie de petits mots griffonnés avec un crayon et du papier cachés au moment de l'embarquement. Ils y annoncent leur départ et espèrent que des cheminots pourront les transmettre à leur famille. Durant le voyage, la chaleur est épouvantable et les hommes entassés dans les wagons meurent de soif.

Après deux jours et deux nuits de trajet, le train s'immobilise enfin, le 8 juillet, en fin de matinée. Au bout d'une heure environ, les portent s'ouvrent et les SS qui ont pris place devant chaque wagon, mitraillettes au poing et chiens en laisse, ordonnent aux passagers de descendre sur le quai en leur aboyant dessus en allemand. « *Raus, schnell, schnell !** » Beaucoup ne sentent plus leurs jambes et, empêtrés avec leurs bagages, chutent lourdement du haut de la plate-forme. Ils sont aussitôt relevés à coups de matraques par les SS, tandis que des hommes en tenue rayée s'emparent de leurs valises et baluchons. Quand ils sont enfin tous debout, l'ordre leur est donné de se mettre rapidement en rangs par cinq. L'un des détenus juifs qui n'obéit pas

* « Dehors, vite, vite ! »

assez vite est roué de coups, piétiné et finalement abandonné sur place inconscient.

Après une vingtaine de minutes d'une marche forcée, sous les cris et les coups des SS, Aimé et ses compagnons pénètrent dans ce qui ressemble à un vaste casernement, ceinturé d'un réseau de barbelés. Après avoir passé le portail surmonté de l'inscription *Arbeit macht frei**, ils sont accueillis au son d'une marche militaire allemande jouée par l'orchestre composé de détenus, positionné à droite de l'entrée contre les cuisines. Les baraquements en dur, assez hauts, sont impeccablement alignés et séparés par des allées gravillonnées bien entretenues. De place en place, des arbres et des massifs de fleurs égayent l'ensemble. Aimé et ses camarades défilent à l'intérieur du camp, avant de s'arrêter au pied d'un bloc où ils doivent rester immobiles, en plein soleil. À cet instant, Aimé ignore encore tout de ce curieux endroit où il vient d'arriver.

---

* *Arbeit macht frei* : « Le travail rend libre » était la sinistre devise affichée à l'entrée d'un bon nombre de camps de concentration. En dehors d'Auschwitz, on la trouvait aussi à Dachau, Gross-Rosen, Sachsenhausen ou Theresienstadt.

Chapitre 5

De retour à Bruxelles, au début de 1941, notre vie reprend son cours. Rien n'a changé, si ce n'est que le pays est désormais occupé. Nous renouons avec nos amis, mon père retrouve ses camarades du parti et commence presque instantanément à résister avec eux. Ma mère et moi les rejoignons rapidement dans la lutte. Je me souviens qu'à heure fixe, un jeune cycliste déposait *L'Humanité* et des tracts dans les appentis de notre immeuble. Nous devions les distribuer autour de nous, très discrètement bien sûr. La diffusion de la presse clandestine était un moyen efficace de résistance. La plupart de ces journaux étaient communistes bien entendu, d'autres socialistes, et certains même royalistes ! En raison de mon jeune âge, je ne me rends pas bien compte du danger et passe inaperçue auprès des forces d'occupation qui ne soupçonnent pas mon activité.

Début 1942, mon père est arrêté à notre domicile et enfermé préventivement à la prison Saint-Gilles de Bruxelles, non pas pour faits de résistance qu'il avait su cacher aux Allemands, mais comme responsable du Secours rouge avant la guerre et pour l'aide qu'il avait apportée aux réfugiés durant ces années-là. Le 4 mars, il comparaît devant un tribunal militaire allemand qui le condamne à un an et trois mois de travaux forcés pour « activité communiste ». Il est envoyé en Allemagne pour purger sa peine à la forteresse de Remscheid-Lüttringhausen, au sud de la Ruhr. Pendant un certain temps, nous réussissons à lui faire parvenir des lettres et des colis, mais un jour, brusquement, les paquets reviennent. Mon père a été transféré ailleurs et, malgré nos démarches, nous ne parvenons pas à savoir où. Nous ne le reverrons jamais*.

---

* Selon les archives conservées au Service des victimes de guerre en Belgique, Motel est libéré le 3 juin 1943 à l'expiration de sa peine. Il regagne alors la Belgique avant d'être de nouveau arrêté comme Juif cette fois. Il est interné le 28 août 1943 au camp de Malines. Le 20 septembre, il fait partie du convoi XXII A à destination d'Auschwitz où il disparaît.

Avec l'arrestation de mon père, ma mère prend brutalement conscience que nous sommes, nous aussi, en danger. Elle estime que Michel, alors âgé de 14 ans, est bien trop jeune pour risquer sa vie à cause de nous. Elle décide donc de le confier à des voisins, non juifs, avec lesquels nous sommes très amis, qui acceptent de le faire passer pour leur propre fils. Michel à l'abri, après bien des discussions et des hésitations, nous finissons, ma mère et moi, par passer dans une clandestinité totale. Commence alors pour nous une vie vraiment très difficile et remplie d'incertitude. Avec cette peur permanente au ventre de croiser le chemin de la police ! Pourtant, nous possédons toutes deux de faux papiers. Jean Clément, un jeune résistant de mon groupe, a en effet accepté de contracter un mariage blanc avec moi. Me voilà devenue Mme Génia Clément ! Difficile de faire plus passe-partout comme identité.

Pour survivre, heureusement, nous pouvons compter sur la solidarité de nos amis et camarades de lutte. Sous couvert de nos nouvelles identités, nous nous installons dans un petit logement composé d'une unique pièce que la Résistance nous a dégoté. Tant bien que mal, je parviens à poursuivre mes études. J'adore tellement apprendre que je ne parviens pas à me résoudre à tout abandonner. Ce serait laisser les nazis remporter une victoire sur moi. Pour gagner quelques sous, ma mère se fait embaucher comme couturière, mais son salaire ne suffit pas à nous faire vivre. Pour subsister, nous sommes donc contraintes de vendre petit à petit tout ce que nous possédons : de l'argenterie, quelques bijoux, une fourrure… Avec le rationnement qui est instauré, il devient de plus en plus difficile de se nourrir. La pénurie se fait vite cruellement ressentir et les prix s'envolent à cause du marché noir.

En mars 1943, ma mère se fait ramasser au cours d'une rafle alors qu'elle était sortie travailler et je me retrouve pour la première fois de ma vie seule, à dix-neuf ans à peine. Durant les semaines qui suivent, j'essaie péniblement de survivre, mais environ un mois après l'arrestation de ma mère, au moment où je quitte notre refuge en quête de nourriture, je suis à mon tour appréhendée. Alors que je marche dans la rue, une voiture de la Gestapo s'immobilise soudainement à ma hauteur. Un jeune homme que je connais très bien, travaillant désormais pour la police allemande, en descend prestement. Il sait que je suis juive et que je vis sous une fausse identité. Il me fait arrêter sur-le-champ par les hommes qui l'accompagnent.

Je suis directement emmenée à la prison Saint-Gilles où je reste enfermée une quinzaine de jours, sans être interrogée ni torturée, fort heureusement. Je ne me souviens plus précisément comment, mais je réussis à obtenir des nouvelles de ma mère. Elle est internée à Malines, à la caserne Dossin, qui sert de lieu de rassemblement pour les Juifs avant la déportation. Je n'ai dès lors plus qu'une idée en tête : aller la retrouver pour pouvoir l'aider et la protéger. Je fais part de mon souhait au responsable de mon dossier et, contre toute attente, il accepte sans hésiter une seconde. Pour lui, je ne suis qu'une Juive qu'il peut ainsi rayer de ses effectifs. Mon transfert a lieu dans la journée et je retrouve *in extremis* ma mère à Malines, moins de vingt-quatre heures avant notre départ. L'essentiel est là : nous sommes de nouveau réunies.

Le 19 avril 1943, tôt le matin, après un appel, nous descendons dans la grande cour de la caserne où nous attendent des camions militaires. Ils nous conduisent vers une gare de triage un peu à l'extérieur de la ville où nous montons dans des wagons à bestiaux. Ma mère et moi sommes déportées dans le vingtième convoi organisé par les nazis au départ de la Belgique. Au total, 28 ont quitté Malines pour Auschwitz durant l'Occupation, emmenant environ 25 000 Juifs dont seulement un peu plus d'un millier survivront. Nous sommes plus de 1 600 dans notre convoi, hommes, femmes dont certaines enceintes, invalides, vieillards, mais aussi beaucoup d'enfants, de tous âges. Je crois avoir lu que le bébé le plus jeune, une petite fille prénommée Suzanne*, n'avait guère plus d'un mois !

Notre transport est assez singulier dans la mesure où il compte aussi quelques résistants enfermés dans un wagon à part. Au moment où nous embarquons, je reconnais d'ailleurs des amis de mon père ainsi que des compagnons de lutte. Nous ne le savons pas encore lorsque le train s'élance, mais grâce à la résistance belge aidée par des cheminots, de nombreuses portes n'ont pas été scellées. Plusieurs passagers de notre wagon ne tardent d'ailleurs pas à s'en apercevoir et, lorsque le train doit, au bout de quelques kilomètres, fortement ralentir puis s'immobiliser en pleine voie à cause de

* Suzanne Kaminski était née le 11 mars 1943 à Bruxelles.

l'intervention d'une poignée de courageux partisans, les évasions sont nombreuses. Je veux fuir, mais ma mère, que la hauteur entre le plancher et le ballast effraie, me retient. Nous restons donc à l'intérieur du wagon alors que les tirs des sentinelles postées à l'avant et à l'arrière du train fusent tout autour de nous. Néanmoins, plus de 200 passagers parviennent à prendre la fuite. À la suite de ces évasions, les wagons sont soigneusement inspectés et verrouillés avant que le convoi ne redémarre.

Alors que le train a repris sa marche vers l'est, nous essayons de nous organiser et de nous repérer aussi. Nous ne savons absolument pas où nous allons. Personne ne nous a rien dit. Nos camarades les plus grands se relaient pour observer l'extérieur depuis la petite lucarne grillagée du wagon, mais notre convoi fait des tours et des détours considérables. Il ne passe par aucune gare importante et n'emprunte que des voies secondaires, si bien que nous sommes incapables de nous orienter. Nous savons seulement que nous sommes en Allemagne et je garde un souvenir très marquant de cette traversée, une vision assez incroyable, celle d'un pays tout entier pavoisé de rouge pour l'anniversaire de son *Führer*. Une marée rouge sang s'étale sous nos yeux ébahis. Sur toutes les maisons que nous apercevons au loin flottent des drapeaux avec la croix gammée pour célébrer ce jour si spécial pour l'Allemagne nazie.

Dans notre wagon, nous sommes environ 80. Nous pouvons difficilement nous allonger et nous nous accroupissons les uns dans les autres, sur une légère couche de paille froissée. Nous sommes excessivement secoués en raison des manœuvres opérées par notre train pour trouver sa voie. Au départ de Malines, nous avons reçu un morceau de pain, une couverture et une gamelle, une sorte de saladier en tôle kaki. Il fait rapidement très chaud, nous manquons d'air. Un grand bidon disposé dans un coin du wagon sert de tinette. Nous décidons de sacrifier des gamelles pour y faire nos besoins qui sont ensuite versés dans ce fût très haut. Afin de préserver un peu d'intimité, nous avons l'idée de tendre une couverture derrière laquelle il est possible de s'isoler. Nous l'accrochons aux clous, nombreux, plantés dans les parois en bois. Il importe de ne pas se laisser aller comme des animaux et de garder un peu de notre dignité. Mais, dès le départ, avec la peur et l'angoisse, beaucoup de passagers voient leurs intestins se tordre affreusement et sont pris de coliques. Le fût se remplit excessivement vite et une odeur nauséabonde se répand bientôt dans cet espace clos. Heureusement, le train s'arrête de temps en temps en rase campagne, les SS ouvrent les portes et le fût est vidé sur le ballast par les hommes du wagon. Malgré tout, une partie de son contenu se renverse à plusieurs reprises sur le plancher au cours du voyage… quelle odeur insoutenable !

Au matin du quatrième jour, vers 6 heures, nous sommes brusquement tirés de notre sommeil par d'importantes secousses. Notre train manœuvre à vitesse réduite, change plusieurs fois de voies avant de s'immobiliser enfin totalement. Il se passe encore un long moment, tout est étrangement calme, puis nous sentons une agitation grandir autour des wagons. Soudain, brutalement, toutes les portes s'ouvrent simultanément et les SS postés devant nous avec leurs chiens énormes nous hurlent de descendre immédiatement : « *Los ! Los ! Absteigen ! Schnell !*[*] » Alors que nos esprits sont quelque peu embrouillés après trois jours passés ainsi entassés dans les wagons, nous comprenons en un instant que nous venons d'arriver dans un autre monde dont nous sommes loin encore d'imaginer la nature réelle.

---

* « Allez ! Allez ! Descendez ! Vite ! »

Chapitre 6

Par vagues successives, nous descendons des wagons sous les cris épouvantables des SS et les aboiements de leurs chiens. Après un trajet si long, beaucoup d'entre nous ont les membres tellement engourdis qu'ils chutent lourdement du haut de la plate-forme. Ils sont relevés par ceux qui ont pu descendre avec plus d'agilité. Les plus costauds aident aussi les vieillards et les invalides. Une fois tout le monde sur le quai, une voix criarde dans les haut-parleurs nous ordonne de laisser sur place nos bagages qui nous seront restitués le lendemain, dit-elle. Puis nous recevons l'ordre de nous disposer rapidement en rangs. Des détenus en costume rayé circulent parmi nous. Ils nous chuchotent quelques mots dans une langue qui m'est inconnue.

Un étonnant silence s'impose alors, un silence terrifiant. Je réalise qu'aucun enfant ne pleure ni ne crie. Aucun arbre à l'horizon, aucun chant d'oiseau non plus. Une immensité déserte. Et cette odeur pestilentielle qui nous enveloppe instantanément ! Une atmosphère terriblement pesante. J'essaie de comprendre où nous avons atterri en regardant autour de moi. Dans le lointain, je distingue quatre énormes cheminées dont l'une crache des flammes et, plus près de nous, un haut mur avec un grand porche surmonté d'un mirador en briques sombres.

Une longue file de camions a pris place de l'autre côté des rails. Des SS circulent dans les rangs avec des porte-voix : « Les femmes, les enfants, les vieillards, ceux qui ne peuvent pas marcher, traversez la voie et montez sur les camions. Vous vous retrouverez tous après. » Je regarde des femmes avec des enfants se diriger vers les camions. Ils se remplissent avec une rapidité étonnante, passent sous le porche, reviennent vides, avant de repartir de nouveau chargés. Un circuit continu se met ainsi en place, dans un silence total.

Moi, je reste sur le quai avec les autres jeunes. Ma mère est là aussi. Bien qu'âgée de

38 ans et après deux grossesses, elle est demeurée très mince et ne fait absolument pas son âge. Les SS passent dans les rangs et désignent certains d'entre nous pour rejoindre les camions. Entre nous, nous commençons à discuter et tentons de nous rassurer. Le lieu ne doit pas être si terrible que ça. Les cheminées sont probablement celles d'usines et si on nous a conduits jusqu'ici, c'est sûrement pour y travailler. Et puis, les SS ménagent les plus faibles en les faisant monter sur ces camions. Pourtant, en observant le triage, je me rends compte que malgré sa rapidité, il est extrêmement minutieux. Les jeunes hommes d'un côté, les jeunes femmes de l'autre.

De hauts gradés arrivent ensuite sur le quai et passent parmi nous en nous détaillant de la tête aux pieds, comme si nous étions du bétail. Bien plus tard, j'apprendrai que l'un d'eux est le sinistre docteur Josef Mengele, venu choisir des cobayes pour ses expériences. Ma mère et moi, nous nous retrouvons au milieu d'un groupe de 200 femmes environ. Puis une centaine est désignée pour former un groupe à part, qui rejoint celui des hommes. Ensemble, ils se mettent en marche en colonnes et sont bientôt hors de vue.

Nous restons donc sur le quai, une centaine environ. Mais, très vite, des femmes SS* s'approchent et nous ordonnent de nous mettre à notre tour en route. Sous leur garde, nous parcourons à pied les quelques kilomètres qui nous séparent du camp d'Auschwitz. À notre arrivée, nous sommes un peu tranquillisées. L'endroit paraît tout à fait présentable, surtout si on le compare avec celui que nous venons de quitter. Cette première impression nous conforte dans l'idée que nous sommes là pour travailler.

Nous sommes immédiatement conduites par nos gardiennes au bloc de désinfection, un grand baraquement en bois qui se dresse, un peu à l'écart du camp, contre l'enceinte. Une fois à l'intérieur, nos gardiennes nous ordonnent de nous déshabiller entièrement et de déposer tous nos effets, vêtements et bijoux, dans un coin. Très pudique, je me retrouve dans le plus simple appareil au milieu de dizaines d'inconnues. Ma mère est à mes côtés, mais je n'ose pas lever les yeux et fixe mes pieds. Je ne veux surtout pas croiser son regard.

---

* Comme de nombreuses déportées, Génia utilise le plus souvent cette expression pour désigner les gardiennes auxiliaires des SS, en allemand *Aufseherinnen* (surveillantes).

Les gardiennes nous font ensuite ranger les unes derrière les autres. Deux détenus allemands plutôt âgés, portant le triangle vert des droits-communs, arrivent avec des tondeuses et nous rasent entièrement. Dans notre groupe de 100 femmes, les plus jeunes s'étant regroupées instinctivement, nous éclatons d'un rire communicatif après les moments d'angoisse que nous venons de traverser. Nous ne nous reconnaissons absolument plus. Il faut dire que la mode est alors aux cheveux très longs et très fournis devant, formant des espèces de choux en hauteur. Moi, je suis toute petite et fluette, si bien que mes copines me disent : « Écoute, on ne sait même plus si tu es une fille ou un garçon ! » en se tordant de rire. Mais très vite, une femme SS met subitement fin à ce moment de liesse en s'adressant à nous d'une voix forte, avec un air narquois : « Riez, riez bien, parce que c'est la dernière fois que vous riez ainsi ! » Jeunes et naïves comme nous sommes, nous ne comprenons pas sa mise en garde. Ce n'est tout de même pas elle qui va faire la loi. Quand nous aurons envie de rire, nous rirons quand même !

On nous donne ensuite pour nous vêtir d'anciens uniformes de l'armée soviétique, vareuse et pantalon, maculés de grandes taches brunes.

Je pressens confusément qu'il s'agit de marques de sang, il a dû cuire avec la désinfection, mais je chasse aussitôt cette idée de ma tête. Nous patientons encore un peu, puis on nous place en file indienne, par ordre alphabétique, pour nous faire remplir des papiers et nous remettre un morceau de tissu portant un numéro. Trois jeunes Slovaques font leur entrée peu après. Ils sont munis d'un encrier très rudimentaire et d'un porte-plume en bois avec trois plumes très fines reliées entre elles par de la ficelle. Alignées en trois files, les unes derrière les autres, nous leur présentons à tour de rôle notre numéro qu'ils tatouent sur notre avant-bras gauche. Je remarque qu'ils en portent un aussi et ils doivent faire partie des premiers détenus car leurs numéros sont très bas. Ils procèdent par pointillés et, si ce n'est pas très douloureux, c'est en revanche extrêmement long. Je reçois le numéro 42 576. Après le tatouage, lorsque je reviens vers ma mère, celle-ci éclate en sanglots en me voyant. Lorsque je lui demande pourquoi, elle répond : « Tu te rends compte, ils ont coupé tes si beaux cheveux ! »

Pendant cette opération qui s'étire en longueur, les femmes SS se désintéressent de nous et discutent entre elles. Certaines lorgnent aussi sur nos effets abandonnés dans un coin de la pièce. La baraque est fermée et elles savent que nous ne pouvons pas nous évader. Tout en étant très discrètes, nous en profitons pour discuter avec les jeunes Slovaques et leur poser les questions qui nous brûlent les lèvres. Où sommes-nous ? Où se trouvent ceux qui sont montés sur les camions ? Quelles sont ces cheminées que nous avons distinguées au loin ? Et cette puanteur, d'où vient-elle ? Et c'est ainsi que nous apprenons la sinistre vérité, la différence entre le camp d'Auschwitz où nous nous trouvons et celui de Birkenau à proximité duquel nous sommes arrivées, ainsi que le sort réservé à ceux des nôtres qui y ont été conduits. Sans ménagement, en quelques minutes, nous découvrons ainsi l'existence des chambres à gaz et des fours crématoires dont nous avions pris les cheminées pour celles d'usines. Alors là, effectivement, c'est la dernière fois que nous avons ri.

Face à ces révélations, un grand abattement s'empare de nous toutes. Rasées, marquées comme du bétail, affublées de nos uniformes, socques en bois au pied, nous traversons le camp tels des zombies. Moi qui suis toute petite, mon pantalon traîne par terre. Nous empruntons de larges allées gravillonnées aménagées entre des blocs à étage construits en briques rouges, parfaitement disposés. Tout est étonnamment propre et bien ordonné. De place en place, des pots de fleurs sont même suspendus à l'entrée des blocs devant lesquels nous défilons. Nous croisons sur notre chemin des détenus travaillant à l'entretien du camp. Ils nous dévisagent longuement à notre passage. L'arrivée d'un convoi de femmes est chose exceptionnelle à Auschwitz et ils ne perdent pas une miette du spectacle que nous leur offrons.

Nous nous dirigeons vers l'extrémité du camp et finissons par nous arrêter devant le bloc 10, l'avant-dernier avant l'enceinte de barbelés. Il est séparé du suivant par une cour mitoyenne fermée. Bien que mon cerveau tourne au ralenti, je remarque tout de suite que les fenêtres donnant sur la cour sont toutes obstruées par des planches de bois. À l'intérieur, les femmes SS nous expliquent que nous serons couchées au premier étage auquel on accède par un escalier central en béton. Deux grands dortoirs y sont aménagés avec des châlits à trois étages. Nous nous installons dans celui situé au-dessus de l'entrée, où on nous attribue à chacune un lit avec une paillasse garnie d'un peu de paille écrasée et une couverture. Automatiquement, avec les plus jeunes, nous grimpons sur les lits les plus hauts, laissant les autres couches aux femmes plus âgées. Le troisième étage est vraiment très haut. Pourtant, je m'y hisse tel un cabri, avec une facilité étonnante. Quand je pense que maintenant j'ai le vertige sur un tabouret... Les châlits sont assez rapprochés, si bien que nous sommes au sommet presque les unes sur les autres et pouvons facilement échanger entre nous. Les atroces révélations des jeunes Slovaques sont dans toutes les conversations et les conjectures sur notre sort vont bon train.

Quand nous entrons au bloc 10, ce 22 avril 1943, nous ne le savons pas encore, mais il vient juste d'être ouvert. Des femmes d'autres nationalités y sont déjà enfermées, à un autre bout du dortoir, en particulier beaucoup de jeunes Grecques de Salonique arrivées très peu de temps avant nous, mais aussi des Allemandes, des Néerlandaises, des Hongroises, des Croates, des Slovaques, quelques Russes et Ukrainiennes. Leur nationalité est facilement identifiable grâce à la lettre qui figure dans leur triangle. Seules les détenues allemandes n'en ont pas. Très vite, nous faisons connaissance avec elles et essayons d'en savoir un peu plus sur l'endroit où nous nous trouvons désormais.

Malheureusement, récemment internées, elles ne sont pas beaucoup plus avancées que nous sur la destination du bloc et nous restons donc dans une incertitude totale.

Chapitre 7

Aimé et ses camarades ne restent à Auschwitz que le temps des formalités réservées aux nouveaux arrivants : tonte, désinfection, visite médicale sommaire, habillement, immatriculation, photographie. Chose curieuse, les 1 170 hommes du convoi reçoivent le triangle vert attribué aux détenus de droit commun. Les nazis réalisant peu après leur méprise, ils le troquent quelques jours plus tard contre le rouge des « politiques ». Ces otages venus de France sont immatriculés dans la série des « 45 000 » qui donnera son nom au convoi. Aimé devient le numéro 45 934. En revanche, à l'époque, la pratique du tatouage n'est pas encore généralisée. Aimé ne sera tatoué qu'au début de l'année 1943. Plus tard, un Français du convoi ajoutera autour de son numéro un beau panier fleuri avec des rubans rouges !

Ces opérations s'éternisent toute la fin de la journée. Il est plus de 1 heure du matin quand les derniers rejoignent leur groupe au bloc 13 où ils sont entassés pour la nuit. Comme ses camarades, Aimé y est accueilli à coups de matraque, avant qu'un SS ne les mette rapidement au parfum : « Ici, vous n'êtes plus qu'un numéro que vous devez connaître par cœur en allemand et auquel vous devez répondre rapidement. Sinon, vous serez punis de 25 coups de schlague. Ici, c'est un camp de travail, pas un sanatorium. Il n'y a qu'une sortie : la cheminée du crématoire. » Entre le manque de place, la chaleur vite suffocante, les piqûres des puces, les cris des SS, les coups distribués au hasard à tout moment, il est bien difficile aux « 45 000 » de prendre un peu de repos durant cette première nuit.

À 3 h 30, des cris gutturaux sortent brutalement Aimé et ses compagnons du sommeil dans lequel ils avaient fini par sombrer. « *Los, alles raus !*[*] » Les coups pleuvent sur les dépor-

---

* « Allez, tout le monde dehors ! »

tés encore endormis. C'est la panique à bord. Chacun essaie de sortir au plus vite tout en tâchant de les esquiver. Dans la cohue, des détenus tombent au sol où ils sont piétinés. Une fois à l'extérieur, ils sont réunis dans la cour devant les cuisines du camp. Après une heure et demie d'attente, de jeunes SS accompagnés de chiens décident de les faire défiler. Les « 45 000 » doivent enchaîner les manœuvres sous les moqueries, les insultes et les coups de crosse. Vers 7 heures, c'est enfin le départ, en rangs par cinq. Cette marche forcée de quelques kilomètres, qu'ils effectuent chaussés de socques en bois, constitue un nouveau supplice pour bien des hommes qui atteignent Birkenau les pieds en sang.

À leur arrivée, les « 45 000 » entrent véritablement dans un autre univers. Établi sur des marais, le camp est encore en construction. Des hommes sont partout à l'ouvrage dans un silence de mort coupé, de temps à autre, par un ordre hurlé en allemand, des cris de douleur, un coup de mitraillette ou de fusil. Aimé est aussitôt saisi par l'apparence des détenus qu'ils croisent. Ils n'ont plus rien d'humain et ressemblent davantage à des bêtes faméliques au regard effaré. Et puis il y a cette odeur aussi, tout autour de lui, une insoutenable puanteur ! Pendant quatre longues heures, les « 45 000 » doivent rester immobiles à l'entrée du camp, épuisés, assoiffés, en plein soleil. Plusieurs tombent à terre, mais sont immédiatement relevés à coups de pied et de matraque.

En fin de matinée, ils sont répartis entre deux blocs où, après avoir reçu une volée de coups en guise d'accueil, on leur sert enfin une soupe, très claire et infecte, qui ne parvient pas à assouvir leur faim. Ils reçoivent ensuite l'ordre de coudre sur leur tenue rayée le triangle reçu la veille, ainsi que les trois bandes de tissu portant leur numéro. Aimé est alors surpris à partager un mégot de cigarette avec deux Polonais par le chef de bloc qui lui administre, séance tenante, 15 coups sur les fesses avec une grosse canne en bois. Après l'appel du soir et un nouveau repas très frugal, les déportés doivent encore endurer pendant un long moment les vexations en tout genre. Dans chacun des blocs, des déportés sont roués de coups sans raison, pour l'exemple, devant leurs compatriotes impuissants, puis laissés pour morts. Quand toute cette folie s'achève enfin, Aimé et ses camarades peuvent trouver un peu de répit dans les niches à trois étages qui leur servent de couchage.

Le lendemain, il fait encore nuit noire lorsque les cris retentissent déjà. Les « 45 000 » doivent se lever et sortir se ranger devant leur bloc au pas de course. Départ en colonne pour les latrines très rudimentaires, d'une saleté repoussante. Et toujours les coups des gardiens qu'il faut éviter pour ne pas basculer dans les excréments. Ils reçoivent ensuite une gamelle d'*herbata*, une sorte de tisane claire et amère. Rien d'autre à manger. Puis ils sont de nouveau rassemblés pour l'appel durant lequel ils subissent encore des brimades et des punitions destinées à parfaire leur « dressage ». Après un passage par la *Schreibstube*, le bureau d'enregistrement du camp où ils doivent décliner leur identité, leur profession et donner entre autres choses le motif de leur arrestation, les « 45 000 » sont finalement répartis dans des groupes de travail et gagnent leurs chantiers, au pas cadencé, sous la surveillance des kapos. Ils doivent rapidement se familiariser avec toutes les règles qui régissent la vie du camp sous peine d'être les victimes de nouvelles avalanches de coups.

Durant ces premiers jours, les « 45 000 » sont affectés à divers chantiers : construction de blocs et de routes, creusement de canalisations. D'autres doivent transporter des matériaux, avec les moyens du bord, pour alimenter les chantiers, sacs de ciment, cailloux, sable ou briques. Chaque matin, le réveil est à 4 ou 5 heures. Il est suivi d'une longue attente debout, le temps que les chefs de blocs les comptent et les recomptent inlassablement. Puis vient le travail. Réalisé en plein soleil, des heures durant, par des détenus mal équipés, assoiffés et affamés, il est pour tous exténuant. Le midi, la journée n'est interrompue que par une courte pause de quelques minutes que les détenus mettent à profit pour avaler à toute vitesse un semblant de soupe au contenu douteux. Puis le travail reprend jusqu'à environ 18 heures. Mais la journée est encore loin d'être terminée, puisque chaque commando doit ramener au camp les blessés et les morts du jour pour l'appel du soir. Ces messieurs les SS ont une obsession : que le compte soit juste. Ces opérations de comptage peuvent s'éterniser des heures et des heures durant lesquelles les détenus doivent se tenir debout, en rangs, sans bouger.

Le 13 juillet, les « 45 000 » sont séparés en deux groupes à peu près égaux. Une moitié composée d'ouvriers qualifiés est renvoyée à Auschwitz pour travailler dans les ateliers du camp, tandis que l'autre reste à Birkenau.

Aimé, qui ne présente pas de compétences particulières, fait partie de ce second groupe. À Birkenau, il est affecté aux chantiers d'extension du camp. Avec ses camarades, il travaille à l'aménagement du camp des femmes et de la zone réservée aux Tsiganes. Il fait du terrassement, construit des routes, creuse des tranchées pour les canalisations d'eau et des fossés pour assécher le terrain. Il monte aussi des baraques en bois, assemble des châlits dans les nouveaux blocs, installe des clôtures en fil de fer barbelés et des miradors.

D'une constitution particulièrement robuste, Aimé a l'habitude du travail physique. Il est descendu très jeune au fond de la mine et s'y entend à merveille pour manier la pelle. Il présente une résistance peu commune et dispose aussi d'un moral à toute épreuve. Pendant près de neuf mois, il survit dans l'enfer de Birkenau, connaît successivement la chaleur suffocante de l'été, l'humidité, la boue, l'air vicié du marais pendant l'automne et la rigueur extrême de l'hiver polonais. Aimé se souvient qu'une nuit par -40 degrés, les SS les ont jetés hors de leur bloc, entièrement nus. Au matin, beaucoup de ses camarades étaient morts de froid. Pour lui, le plus dur est de supporter les coups qui s'abattent sur les détenus pour un oui ou pour un non. Les coups de matraque, de trique, de gourdin, de manche de pioche. Pour les éviter, il faut constamment rester sur ses gardes… et courir vite !

Leurs conditions de détention sont à l'origine d'une mortalité effroyable parmi les « 45 000 » restés avec lui. Il voit progressivement ses meilleurs copains se laisser aller, puis mourir, sans pouvoir rien faire pour eux. Lui-même contracte la malaria, la dysenterie, plus tard le typhus à cause des poux qui lui courent sur tout le corps. Le soir, de retour au bloc, monté sur son lit, il passe un long moment pour tenter de s'en débarrasser et en tue chaque fois des centaines avec ses ongles, avant de pouvoir s'endormir. L'état de santé d'Aimé se dégrade. Il est transféré à l'infirmerie et tombe dans le coma plusieurs jours. Fort heureusement, il finit par se rétablir juste avant d'être désigné pour la chambre à gaz. « Le coup de pot, encore un ! » comme il aimait à le répéter. Mais selon lui, ce qui lui avait vraiment sauvé la vie, c'est d'être ramené avec les rares survivants de son groupe au « camp mère » au début de 1943. Il n'aurait pas pu surmonter beaucoup plus longtemps le régime insensé imposé aux détenus de Birkenau.

Les « 45 000 » sont de nouveau réunis. Leur effectif a toutefois considérablement fondu puisque sur les 1 170 arrivés en Pologne en juillet 1942, seulement 176 sont encore en vie neuf mois plus tard, dont moins d'une vingtaine viennent de Birkenau. À partir de ce moment, ils vont bénéficier à Auschwitz d'une relative protection. Les raisons de ce changement de régime restent encore aujourd'hui bien mystérieuses. Peut-être a-t-il à voir avec la diffusion en France, à la même époque, d'un tract du Front national* révélant la présence à Birkenau de « politiques » françaises détenues dans d'horribles conditions ? Arrivé le 27 janvier 1943, ce convoi dit des « 31 000 » était composé de 230 femmes, pour l'essentiel des militantes communistes et résistantes de premier plan, dont Danielle Casanova ou Marie-Claude Vaillant-Couturier, qui franchirent la porte du camp en chantant *La Marseillaise*, scène à laquelle Aimé assista, médusé, depuis la route où il travaillait ce jour-là.

* Créé par le Parti communiste clandestin en mai 1941, le Front national est l'un des principaux mouvements de résistance de la France occupée.

Après l'horreur de Birkenau, Aimé se rappelle son émerveillement à son retour au camp central en mars : « Quand nous arrivons à Auschwitz, c'est le sana ! » Tout est propre, les blocs sont décorés avec des fleurs en pots, il y a des fûts contenant une sorte de café devant chaque entrée. Des vrais lits aussi, faits au carré ! Aimé rejoint le bloc 22 situé à l'angle nord-est du camp, contre l'enceinte de barbelés, au-delà de laquelle se dressent l'hôpital SS et un peu plus loin le crématoire. Avec d'autres « 45 000 », il est affecté au commando TWL (*Truppenwirtschaftslager*) chargé du ravitaillement des troupes. La gestion d'un complexe comme Auschwitz, avec ses trois camps, ses commandos et toutes ses infrastructures, demandait une logistique extraordinaire. Des dizaines de milliers de soldats allemands étaient cantonnés sur place, qu'il fallait nourrir. En juillet 1943, les « 45 000 » reçoivent même l'autorisation d'écrire, en allemand, à leur famille, et peuvent recevoir lettres et colis.

Quelques semaines plus tard, à la mi-août, tous les « 45 000 » encore en vie, entre 120 et 150, sont placés en quarantaine au bloc 11, la prison du camp. Ils occupent une des deux pièces situées au premier étage au-dessus du tribunal et des salles où sont enfermés les détenus dans l'attente de leur jugement ou de leur exécution. Au sous-sol, se trouvent les cellules dont certaines sont si étroites qu'on ne peut s'y tenir que debout. Les « 45 000 » ne sont plus rasés, leurs cheveux repoussent. Pendant plusieurs mois, Aimé et ses camarades ne sont affectés à aucun commando de travail. C'est durant cette période que Thomas, « le tatoueur », orne le tatouage d'Aimé et de certains de ses camarades de paniers fleuris. Pour passer le temps, ils se racontent des histoires, jouent et montent une chorale. Ils prennent ainsi l'habitude de chanter durant les séances d'exercice physique que les SS leur imposent dans la cour au pied du bloc. Des airs de l'époque, qui sentent bon le pays et qui les aident moralement à tenir le coup. Ils chantent aussi pendant les exécutions qui y ont régulièrement lieu. Et c'est encore en chansons qu'ils évacuent de la cour les corps sanguinolents qui sont transportés ensuite au crématoire. Mais, venant de Birkenau, ils en ont vu d'autres !

Chapitre 8

Les premières semaines que nous passons au bloc 10 sont plutôt monotones, angoissantes. Nous restons toute la journée dans notre dortoir que nous ne quittons que pour les distributions de nourriture et les appels réglementaires qui ont lieu au rez-de-chaussée. À la différence de l'étage, celui-ci est constitué de pièces bien séparées que dessert une longue et large allée centrale dans laquelle ont lieu les appels, en rangs par cinq. À l'entrée, sur la gauche, on trouve d'abord une pièce réservée à nos gardiennes qui commandent tous les mouvements du bloc, puis, répartis de chaque côté du corridor, des chambres, plusieurs cabinets médicaux et des laboratoires. Enfin, une pièce d'eau avec des robinets ainsi que des toilettes avec de simples cuvettes sans couvercle alignées contre les murs, auxquelles nous ne pouvons descendre que sur autorisation de nos gardiennes. Nous vivons ainsi un bon moment, enfermées, sans la moindre occupation, dans une incertitude totale quant à notre sort.

Quelques jours après notre arrivée, les choses commencent à bouger. On nous apporte d'abord des vêtements propres et en bon état pour remplacer nos uniformes tachés, de grandes robes d'un bleu foncé et de beaux foulards roses. Pour la première fois, nous quittons le bloc pour un bâtiment à l'entrée du camp où nous sommes photographiées*. On nous fait aussi signer une carte postale que les nazis adressent au conseil juif de Bruxelles pour le rassurer sur notre état de santé et faire croire à une « réinstallation » à l'Est**. Néanmoins, nous restons dans l'expectative et ne savons plus quoi penser. Les choses s'accélèrent puisque, peu après, nous sommes convoquées pour un appel général de toutes les femmes du bloc.

---

* Probablement le bloc 26 qui abrite le service d'identification de la Gestapo du camp où sont réalisées les photographies anthropométriques des détenus.

** Cette carte postale est signée le 2 mai 1943 par 19 jeunes Belges du convoi, dont Génia et sa mère.

Notre groupe de 100 femmes est isolé des autres et alors que nous sommes rangées en rangs par cinq, des officiers – nous apprendrons plus tard qu'il s'agit de médecins – se présentent devant nous, nous inspectent attentivement une par une, puis désignent celles d'entre nous qui les intéressent. Le docteur Carl Clauberg assiste au partage. Gynécologue, spécialiste de la stérilité féminine, il a été choisi par Himmler lui-même pour mener à Auschwitz ses expériences. Le traitement qu'il a mis au point pour rendre ses cobayes inféconde repose sur des injections intra-utérines de substances chimiques dont il garde jalousement le secret. C'est un petit homme, vraiment tout petit, qui porte une culotte de cuir avec des chaussures de marche et de grosses chaussettes blanches en tricot. Coiffé d'un chapeau tyrolien, sa tête est plutôt comique avec ses lunettes rondes. Il n'a pas l'air méchant ni arrogant. Tout le contraire de l'homme auquel mon groupe appartient désormais, le docteur Horst Schumann, un officier de la Luftwaffe au regard terrible qui vous glace sur place, spécialiste de la stérilisation par rayons X. Un troisième groupe est attribué à divers médecins, dont le docteur Eduard Wirths, qui mène des recherches sur le cancer du col de l'utérus et le docteur Bruno Weber qui travaille sur l'interaction entre les différents groupes sanguins en injectant à ses cobayes du sang d'un groupe différent du leur. Wirths était un grand et très bel homme qui assurait les fonctions de médecin-chef d'Auschwitz. Tous les médecins du camp étaient sous ses ordres.

Les femmes SS qui encadrent l'opération nous ordonnent de bien nous rappeler notre groupe. En cas d'oubli, elles nous promettent un aller sans retour pour Birkenau ! C'est la menace suprême. Une quinzaine de jours plus tard environ, un appel spécifique par groupes est organisé et un nouveau tri est opéré parmi nous. Certaines femmes ne font visiblement pas l'affaire et sont mises de côté, en particulier celles qui ont eu des enfants, parmi lesquelles ma mère. Elles sont immédiatement reconduites à Birkenau au bloc 25, et notre groupe se réduit à une trentaine de détenues.

Le docteur Clauberg pratique ses expériences directement au bloc 10, tout comme le docteur Wirths. Schumann, en revanche, a installé ses appareils de radiation à Birkenau au bloc 30, à l'extrémité du camp des femmes, tout contre l'enceinte. Nous y sommes bientôt conduites par nos gardiennes. Lorsque je découvre Birkenau à l'occasion de cette première séance, j'ai l'impression d'entrer tout droit en enfer. Une horreur absolue qu'il est impossible de décrire totalement. Un lieu sinistre, plein de crasse, recouvert de boue, enveloppé d'une odeur infecte. Une marée de cadavres ambulants, aux yeux vides et inexpressifs. Jamais encore nous n'avions vu des femmes aux corps si décharnés et sales. Des carcasses sans vie entassées près des blocs et le ballet des camions vers la chambre à gaz et les crématoires. Partout où nous posons notre regard, tout n'est que désolation. Plusieurs d'entre nous ne parviennent pas à contenir leurs larmes devant un tel spectacle.

Le bloc où nous font entrer nos gardiennes est composé d'une vaste pièce avec un sol en béton. Nous recevons l'ordre de nous déshabiller sans délai, puis nous devons nous mettre en ligne. Au premier coup d'œil, le matériel qu'utilise le docteur Schumann me paraît fort rudimentaire. Il consiste en effet en deux montants terminés par des cubes de bois entre lesquels nous devons nous positionner, un cube à l'avant à la hauteur du ventre et l'autre à l'arrière au niveau des reins. Dans un coin, derrière sa machine, Schumann actionne ses rayons en nous demandant tour à tour de rentrer, puis de sortir du dispositif. Nous passons ainsi les unes après les autres, l'intensité des radiations étant de plus en plus forte et le temps d'exposition de plus en plus long à mesure que la file des cobayes diminue.

Par un pur hasard, je suis choisie pour passer parmi les cinq premières filles, en deuxième position. Avec mes camarades, nous ne sentons absolument rien, car nous sommes très peu exposées. Notre peau est à peine colorée. Schumann augmente ensuite l'intensité de ses rayons, mais ses appareils sont si sommaires qu'il ne parvient pas à en contrôler précisément le dosage. Les filles qui nous suivent sont un peu plus marquées, avec des traces sur le ventre d'un brun d'abord clair, puis de plus en plus foncé, au fur et à mesure des passages. Quant aux dernières, elles présentent des brûlures extrêmement importantes qui ont la forme carrée très nette des blocs de bois.

Si l'opération m'est apparue sur le coup indolore, c'est ensuite que les brûlures se font ressentir, alors que nos gardiennes nous remettent en rangs pour rentrer à Auschwitz. Beaucoup de mes camarades sont subitement prises de nausées et de vomissements. Les dernières à avoir été exposées aux rayons sont très malades et doivent être soutenues par les plus valides. Compte tenu de la situation, les femmes SS renoncent même à nous faire marcher cinq par cinq, car nous devons littéralement traîner celles qui ont reçu les radiations les plus fortes pour les ramener jusqu'au bloc 10.

Nos séances de rayons sont très espacées car Schumann vient rarement à Auschwitz. Mon groupe n'est finalement exposé qu'à deux reprises entre avril 1943 et novembre 1944. Lors de la seconde séance, le même ordre de passage est respecté, si bien que je reçois en définitive des radiations assez faibles. Si nous sommes relativement épargnées, ce n'est pas le cas d'un autre groupe dont Schumann s'occupe. Certaines filles subissent des séances beaucoup plus rapprochées et présentent des brûlures très sévères, en particulier des Grecques déportées depuis Salonique, particulièrement jeunes. Très malades, elles souffrent de symptômes de péritonite, vomissent abondamment, se plaignent de douleurs abdominales absolument abominables. Elles sont finalement conduites au bloc chirurgical situé en face du bloc 10, où un prisonnier politique polonais, le chirurgien Wladyslaw Dering, l'un des assistants de

Schumann, les opère en les ouvrant « en croix » avant de les suturer sommairement.

Ramenées au bloc 10, nous faisons notre possible pour les soigner, mais nos moyens sont dérisoires, elles souffrent atrocement. Nous ne disposons d'aucun médicament. En guise de pansement, nous devons utiliser des bouts de papier, sorte de crépon, qui s'imbibent instantanément de sérosités. Impuissantes, nous ne pouvons rien faire pour diminuer leurs douleurs, mais à notre grande surprise, en raison de leur jeunesse sûrement, certaines finissent par cicatriser et survivent malgré tout, après plusieurs semaines, parfois plusieurs mois d'alitement. Leur calvaire ne s'arrête pas là pour autant car, quelque temps après, le chirurgien procède à l'ablation d'un de leurs ovaires pour contrôler le résultat des radiations. Les premiers résultats révèlent cependant à Schumann que ses machines ont été mal positionnées car les radiations ont surtout touché les intestins. Il décide donc de réexposer les mêmes femmes, en envoyant ses rayons légèrement plus bas. Après quelques semaines, le chirurgien leur prélève le second ovaire. Les opérations se font à une allure effrénée, jusqu'à dix par heure. Placés dans du formol, les ovaires sont ensuite remis à Schumann pour examen. Certaines de ces Grecques sont restées à Auschwitz jusqu'au moment de l'évacuation. Je sais que deux au moins ont survécu à ces traitements ignobles et sont parties s'installer en Israël.

Je n'ai pas subi d'autres expériences que ces deux séances de rayons. La chance d'être passée parmi les premières est un hasard complet ! Lorsque Schumann vient à Auschwitz, il observe le résultat de ses expériences. Avec mes quatre camarades du premier groupe nous ne l'intéressons guère, contrairement à celles dont les brûlures sont beaucoup plus profondes et qui ont été opérées. Nous restons au bloc où nous sommes convoquées de temps en temps au rez-de-chaussée pour être auscultées. Chez tous ces médecins SS, nous ne suscitons qu'un intérêt scientifique. Ils se fichent bien que nous succombions à leurs expériences. Nous ne sommes à leurs yeux que des cobayes facilement remplaçables : il suffit d'aller se servir sur la rampe parmi les femmes des convois qui arrivent quotidiennement. Je finis par m'habituer à toutes ces horreurs ; jour après jour, une sorte de routine s'installe. Je me forge comme une carapace.

Chapitre 9

Au bloc 10, nous passons presque la totalité de nos journées à l'étage dans notre dortoir, sans activité. Les heures s'étirent péniblement. Le huis clos qui nous est imposé renforce l'état d'anxiété dans lequel nous nous trouvons déjà. Très vite, en effet, nous prenons conscience que nous sommes à tout moment sous la menace d'un départ pour Birkenau, notre vie n'ayant aucune importance pour « nos » médecins. Nous voyons d'ailleurs régulièrement partir celles d'entre nous jugées sans utilité pour leurs recherches. Ma mère fait partie de celles-là, malheureusement. Notre sentiment d'angoisse est aussi renforcé par le fait qu'en raison de notre alimentation, nous avons tendance à voir notre ventre rapidement gonfler.

Aussitôt ou presque, nous pensons à des essais de médicaments ou de procréations artificielles, ou pire encore. Dans l'ignorance où nous nous trouvons alors sur les causes réelles de notre état, nous brodons des choses aussi épouvantables qu'inimaginables !

Quelques rituels rythment néanmoins nos journées et nous sortent momentanément de notre torpeur, à commencer par les appels du matin et du soir. Ils durent souvent extrêmement longtemps car nos gardiennes doivent ajouter aux détenues qui sont appelées au rez-de-chaussée celles qui demeurent alitées à l'étage, en particulier les filles du docteur Clauberg, qui après leurs injections intra-utérines souffrent de brûlures terribles, et celles qui sont sorties pour les expériences. Il est bien rare, dans ces conditions, que leur compte tombe juste du premier coup. Elles doivent donc renouveler l'opération plusieurs fois avant d'obtenir le bon résultat.

Trois distributions de nourriture ponctuent également la journée. Tôt le matin, après l'appel, nous recevons d'abord un liquide appelé « thé », mais qui est en réalité une tisane que nous buvons dans nos gamelles en tôle reçues à notre arrivée. Le repas du midi est constitué d'une soupe très fluide avec beaucoup de rutabagas. Pour que la répartition soit équitable, nous veillons à ce que ce ne soient pas toujours les mêmes qui passent dans les premières, ni dans les dernières. Le liquide doit sans cesse être remué pour que les aliments ne se déposent pas au fond du bouteillon. Ils proviennent pour partie des denrées abandonnées par les déportés dans les trains à leur arrivée et, selon les transports, les planchers des wagons étant souvent grossièrement balayés, il arrive que nous trouvions un tas de choses assez inattendues au fond des bidons : des morceaux de pain, des lettres, de petits bijoux, et même, ce qui ne manqua pas de nous étonner, des olives provenant des convois de Grèce. Je m'en souviens encore car, avec beaucoup de mes camarades, nous n'en avions jamais vu.

Pour le repas du soir, nous recevons une ration de pain militaire qui contient, entre autres ingrédients, de la sciure, des fétus de paille. Un pain très noir et très lourd. On nous en distribue chacune une tranche épaisse avec, en alternance, une cuillère de confiture faite à base de betterave rouge, le lendemain, une tranche de saucisson sans viande, le soir suivant, une tranche d'un fromage transparent, une sorte de cancoillotte, ne contenant aucune matière grasse, enfin, un petit morceau de margarine, vraiment tout petit, pas plus épais qu'une feuille de cigarette. Et là, c'est le grand dilemme pour nous toutes. Comment gérer notre maigre portion ? Tout manger le soir même, ou en conserver un morceau pour le lendemain ? Comment s'étonner dans ces conditions que des vols aient lieu dans le bloc, même si je n'ai personnellement été témoin d'aucun chapardage dans notre groupe. Nous avions tellement faim, terriblement faim ! À tel point que nous avions pris l'habitude de manger notre pain d'une drôle de manière, avec notre main sous la bouche pour recueillir précieusement la moindre miette.

Les femmes SS ne montent que très rarement au premier. Elles disposent au rez-de-chaussée d'une chambre, la première à gauche de l'entrée, où elles se reposent la plupart du temps. Elles sont en général enceintes, souvent sur le point d'accoucher. C'est d'ailleurs en raison de leur état qu'elles sont affectées à notre garde qui ne demande pas trop d'efforts puisque, en tant que cobayes, nous sommes bouclées à l'intérieur du bloc. Elles surveillent souvent les entrées et sorties depuis leur lit, par la porte de leur pièce maintenue ouverte. Lorsque nous sortons du bloc, ce sont d'autres femmes qui viennent les relayer.

En revanche, nous craignons par-dessus tout les visites d'Ilse Grese*, la secrétaire du chef de camp. Grande, blonde, avec des yeux bleus, elle a à peine 20 ans. C'est une jeune fille vraiment splendide, l'archétype de la femme aryenne pour les nazis. À la différence des autres femmes SS, elle ne porte pas de jupe-culotte, mais un pantalon de cavalier. Elle ne se sépare jamais de sa cravache. Ilse Grese vient régulièrement au bloc 10 et s'amuse à passer entre nos châlits à l'étage. Elle inspecte les lits, nous regarde avec dédain, nous insulte des pires noms tant elle est persuadée de la supériorité de sa race : « Vous n'êtes que de la merde, saleté de Juifs de merde... » Proférant ses injures habituelles, elle fait le tour de la salle à la recherche de sa victime. Gare à celle d'entre nous qui croise son regard ou qui n'a pas impeccablement disposé sa couverture sur son lit. Ilse Grese s'acharne sur elle à coups de cravache qu'elle fait voler d'une manière incroyable, avec un plaisir sadique. J'ai gardé ce réflexe, encore aujourd'hui, de faire chaque matin mon lit au carré. Je ne peux, à chaque fois, m'empêcher de penser à cette gardienne SS.

---

* En réalité Irma Grese, gardienne auxiliaire des SS (*Aufseherin*) dans les camps de Ravensbrück, Auschwitz et Bergen-Belsen, surnommée « la hyène d'Auschwitz » en raison de sa cruauté et de son sadisme.

À l'étage, nous essayons peu à peu d'organiser une vie pour briser l'ennui, tenter de nous évader un peu et ne pas sombrer moralement. Une petite doctoresse tchèque venant des brigades internationales occupe au premier une chambre particulière. Sous les ordres de Wirths, elle travaille sur la composition du sang. Elle est entourée de ses camarades françaises dont beaucoup appartenaient avant leur arrestation au théâtre yiddish de Paris. L'une d'elles, une femme beaucoup plus âgée que nous, interprète des sketchs en yiddish que je n'oublierai jamais. Des choses pleines de dérision et d'ironie sur soi-même ! Une autre avait été danseuse classique professionnelle, elle nous apprend certains mouvements. Pour passer le temps, nous essayons aussi de monter de petites pièces de théâtre, nous inventons et déclamons des poèmes. Nous en profitons également pour apprendre des langues étrangères au contact des détenues de nationalités différentes. Mais surtout, nous nous racontons nos vies d'avant.

En tant que cobayes, nous sommes ménagées et échappons aux corvées exténuantes auxquelles sont soumises nos camarades de Birkenau. Pour autant, nous sommes rapidement tiraillées par la faim et prenons l'habitude de nous réciter des recettes de cuisine. De grands festins avec langoustes et poulardes demi-deuil ! Je me souviens d'une amie qui nous expliquait en détail la préparation de cette grosse poularde bien blanche, bien grasse, sous la peau de laquelle on glisse des rondelles de truffe noire, d'où son nom. Nous discutons souvent ainsi de mets qu'aucune de nous n'a jamais mangés. Nous rêvons aussi aux bons petits plats qui faisaient autrefois notre bonheur. Chacune veut parler de ses spécialités culinaires. Nous apprenons de cette manière des centaines de recettes. La faim est tellement puissante que nous sommes nombreuses à pouvoir ressentir les odeurs de cuisine. Celle des lardons qui rissolent dans une poêle m'entête. Je les sens comme si on les faisait frire juste à côté de moi.

Notre bloc présente un mélange assez incroyable de populations. Si nous sommes pour beaucoup athées, nous avons aussi parmi nous quelques croyantes. Je me souviens tout particulièrement de Mme Benguigui qui, excessivement religieuse, fait régulièrement ses prières à l'étage. Elle avait été arrêtée lors de l'évacuation des vieux quartiers de Marseille en janvier 1943. Ses enfants avaient été recueillis par l'OSE* qui les avait hébergés à la maison d'Izieu, dans l'Ain. Au printemps 1944, Madame Benguigui apprend d'une manière peu commune leur arrivée à Birkenau. Au bloc, le docteur Fleck, un détenu juif polonais, spécialiste du typhus, dispose d'un petit laboratoire au rez-de-chaussée, complètement au fond, où il vit avec sa femme et son fils, un grand garçon très timide portant des lunettes aux verres épais. Or, à l'époque, nous ne sommes plus vêtues d'uniformes rayés mais d'effets civils avec une grande croix peinte en rouge dans le dos. Pendant l'Occupation, en raison des pénuries, on défaisait les vieux pull-overs, dont on lavait soigneusement la laine, avant de retricoter un vêtement plus petit, mais convenable. Et c'est l'un de ceux qu'elle avait retricotés pour ses enfants que Mme Benguigui reconnaît un jour sur le fils du docteur Fleck. Terriblement émues, nous essayons d'entourer notre camarade du mieux possible. Mais, elle, profondément croyante, réagit d'une manière totalement

* L'Œuvre de secours aux enfants (OSE) est une association fondée en 1912 à Saint-Pétersbourg en charge pendant la Seconde Guerre mondiale du sauvetage des enfants juifs.

déconcertante pour nous, répétant à l'envi que telle est la volonté de Dieu*.

Bien que de nationalités et de croyances différentes, une réelle harmonie règne parmi les filles du bloc 10. Tout naturellement, nous les Belges, nous nous sommes rapprochées de nos « compatriotes » françaises car il existe entre nos deux peuples une communauté de langue évidente et une même ouverture d'esprit. Avec nos camarades de bloc, notamment les francophones, nous sommes très soudées, comme une famille, comme des sœurs. C'est en revanche complétement différent avec les Polonaises. C'est à Auschwitz, à leur contact, que pour la première fois je ressens l'antisémitisme. Très bavarde et curieuse de tout, j'aime échanger avec ces femmes d'horizons si divers. Sauf avec les Polonaises car leur haine des Juifs transpire à chacune de leurs paroles. Elles ne sont pas très cultivées, et le poids écrasant de la religion empêche toute discussion, tant elles restent

---

* Trois des enfants de Messaouda Fortunée Benguigui, Jean-Claude (4 ans), Richard (6 ans) et Jacques (12 ans) font partie des 44 enfants de la maison d'Izieu raflés le 6 avril 1944. Ils sont déportés dans le convoi n° 71 du 13 avril 1944. Leur petite sœur, Yvette, placée chez un fermier, échappe à la déportation.

convaincues que les Juifs ont tué Jésus. Ce poids archaïque, raciste, antisémite est pour moi totalement incompréhensible, alors que nous partageons, avec les autres détenues, une humanité et une solidarité sans aucune frontière.

Durant notre détention au bloc 10, le calme de notre isolement est régulièrement interrompu par le bruit des exécutions qui ont lieu au fond de la cour fermée qui nous sépare du bloc 11. Les victimes, des Polonais pour l'essentiel, sont surtout des résistants le plus souvent condamnés à mort, conduits à Auschwitz pour y être fusillés, mais aussi des otages accompagnés de leur famille, femmes et enfants, ainsi que des prisonniers de guerre soviétiques. Plusieurs milliers ont ainsi été tués devant le mur situé contre la clôture de barbelés, après un passage au bloc 11, la prison du camp, où ils attendent leur exécution dans des salles du rez-de-chaussée ou enfermés dans les cellules exiguës du sous-sol. Des planches clouées sur nos fenêtres nous masquent la vue, mais nous entendons très distinctement depuis notre dortoir les « tac », « tac », « tac », « tac » réguliers de ces fusillades individuelles, ainsi que les derniers mots prononcés par ces malheureux. Dans un dernier souffle, les uns crient dans leur langue « Vive

Staline », d'autres « Vive la Pologne » ou encore « Vive l'Allemagne ».

Les planches sur nos fenêtres sont vraiment très grossières. Elles sont disposées de biais, de façon à laisser entrer par le sommet la lumière du jour dans nos dortoirs. Cet isolement est terriblement pesant, en même temps qu'il éveille notre curiosité. Un jour, à l'aide d'une épingle, nous parvenons avec beaucoup de précaution à décoller, puis à enlever le nœud central d'une de ces planches. À tour de rôle, nous pouvons jeter un œil vers l'extérieur au travers de ce trou, même si le champ de vision est plutôt limité. Il faut faire vite cependant, puis replacer sans tarder le nœud avec délicatesse pour ne pas se faire repérer. Lors de ces séances d'observation, nous prenons toujours soin de poster, en haut de l'escalier, l'une de nos camarades, chargée de nous alerter en cas de mouvements de nos gardiennes. Mais nous opérons au grand jour, devant tout le dortoir, sans imaginer une seule seconde que nous pouvons être dénoncées par une de nos camarades prise de peur. Si nous nous étions fait prendre, tout le dortoir risquait une punition. Jeunes comme nous étions, nous ne nous étions absolument pas rendu compte des risques que nous prenions. Nous étions complètement inconscientes, en vérité !

Au cours de l'été qui suit notre arrivée, nous sommes les témoins d'une terrible fusillade. Les exécutions menées à un rythme soutenu et très régulier durent un très long moment. Une fois le calme revenu, nous sortons de nos châlits où nous nous étions réfugiées. Après avoir ôté délicatement le nœud de sa planche, nous pouvons regarder dehors. D'où nous nous tenons, nous ne pouvons pas apercevoir le mur du fond, lieu des exécutions, mais droit devant nous, au pied de notre fenêtre, nous ne pouvons pas ignorer les dizaines de corps nus, entassés les uns sur les autres, au milieu de grandes flaques de sang. Ce spectacle épouvantable nous pétrifie littéralement sur place et nous plonge toutes dans un état d'abattement profond. Aussi, quelque temps après, quelle n'est pas notre surprise d'entendre brusquement monter depuis la cour des chants en français, *Ça sent si bon la France*, *La Romance de Paris* et autres airs à la mode. La curiosité l'emportant sur la peur, nous risquons un œil au-dehors et restons bouche bée en découvrant un groupe de détenus occupés à évacuer les cadavres de la cour. Il faut être sacrément gonflés pour réagir de la sorte après un événement si tragique. Leur attitude exemplaire nous redonne instantanément courage. Leur présence même, si près de nous, suscite à partir de ce moment bien des interrogations dans notre groupe.

Chapitre 10

Quelques jours après cette fusillade, et durant les semaines qui suivent, nous allons entendre régulièrement sous nos fenêtres résonner ces chansons françaises. À chaque fois, elles nous mettent instantanément du baume au cœur, nous donnent la force d'affronter notre quotidien. Nous sommes vraiment épatées par autant d'audace. Parmi les Français, il y a quelques titis parisiens, à l'accent si caractéristique. Pour moi, petite Belge, un titi parisien, ça me renvoie aussitôt aux romans-feuilletons d'Eugène Sue, *Les Mystères de Paris* et *Le Juif errant* que j'ai dévorés adolescente.

Entre les exécutions, les SS font descendre les détenus français dans la cour encore tachée de sang pour leur faire faire de l'exercice. À chaque fois, c'est en chantant qu'ils défilent au pas de gymnastique, courent, rampent au sol ou sautent sur place tout en écartant bras et jambes. Dans leur répertoire, c'est probablement *Prosper (Yop la boum !)* qu'ils interprètent le plus souvent. Le décalage entre cette chanson, qui raconte avec humour les activités d'un proxénète de Pigalle aux activités florissantes, et le lieu où nous nous trouvons a vraiment quelque chose d'incongru. C'est une chanson assez idiote, pour tout dire, mais encore aujourd'hui, quand je l'entends, je revois immédiatement la cour d'Auschwitz.

Nous ne le savons pas encore, mais ces Français sont les seuls rescapés d'un convoi d'otages politiques arrivé un an plus tôt en Pologne. Placés depuis peu en quarantaine à l'étage du bloc 11, ils ne sont affectés à aucun commando extérieur, mais peuvent être désignés pour des corvées dans le camp même. C'est ainsi qu'un petit groupe est bientôt chargé d'aller chercher chaque matin, aux cuisines, de gros bouteillons de soupe et d'autres aliments pour les livrer au bloc 10. Une telle nouvelle se répand évidemment comme une traînée de poudre parmi nous à l'étage. Avec les autres francophones, je me porte tout de suite volontaire pour descendre réceptionner la nourriture qu'ils nous apportent. Nous sommes choisies en priorité car les autres femmes ne parlant pas français, elles ne peuvent pas inventorier les denrées.

Durant cette opération, comme nos gardiennes restent le plus souvent au repos dans leur chambre, nous pouvons assez librement discuter durant quelques minutes avec ces hommes. Au fil des rencontres, nous parvenons à faire connaissance, à échanger des informations sur le camp ou l'évolution de la guerre. Les Français nous encouragent, il faut tenir, tenir à tout prix. Ils ont foi en une victoire rapide des Alliés. « À la Noël, on sera à la maison ! » s'exclament-ils. Aussi fugaces soient-elles, ces rencontres quotidiennes nous apportent un réconfort inespéré et salutaire.

Je ne me souviens plus au juste de la première fois où j'ai vu Aimé au bloc. Les Français viennent à plusieurs, jamais seuls. Mais à force de discuter avec lui, sa présence devient vite pour moi essentielle. Il est tellement enthousiaste ! Pour lui, la guerre va finir d'un jour à l'autre, il nous exhorte à tenir bon. Avec les Français, nous échangeons des nouvelles sur le front de l'Est et les revers des forces allemandes. Leur recul après Stalingrad est une source d'espoir incroyable pour nous. Puis, nous apprenons la victoire des forces soviétiques au cours de la bataille de Koursk. Nous sentons à partir de ce moment-là que le vent est véritablement en train de tourner.

Progressivement, je m'attache de plus en plus à Aimé. Nous avons une telle communauté d'idées, un tel espoir dans l'avenir. Est-ce qu'on peut appeler ça l'amour ? Je ne sais pas si on peut être amoureux à Auschwitz, dans un tel lieu, alors que nous étions à chaque instant sous la menace d'une sélection quelconque et d'un transfert à Birkenau. Alors, c'est finalement même peut-être plus fort que de l'amour, de se soutenir ainsi mutuellement et de façon inconditionnelle. Aimé avait vraiment un moral à toute épreuve, un moral de fer. Si moi j'ai pu flancher de temps en temps, lui, jamais. Il avait douze ans de plus que moi et durant ces longs mois passés à Auschwitz, il m'a été d'un très grand soutien.

Nos échanges autour de la soupe prennent fin en décembre 1943, lorsque les « 45 000 » quittent leur quarantaine, peu après l'arrivée d'Arthur Liebehenschel, le nouveau commandant du camp. Ils sont alors de nouveau mêlés aux autres détenus, mais en tant qu'« anciens » – ils sont là depuis un an et demi –, ils bénéficient dorénavant de postes relativement protégés. Aimé regagne le bloc 22, il est rappelé au commando TWL, les entrepôts de la troupe, où sont notamment stockés les vivres pour les SS. Quelques mois plus tôt, ces derniers avaient en effet été frappés par la facilité avec laquelle il manipulait les tonneaux. Et pour cause... Seul Français au milieu des Polonais, Aimé profite de son poste pour saboter le ravitaillement, s'amusant par exemple à uriner dans les fûts de rhum. Il parvient aussi à améliorer sa ration alimentaire ordinaire en mangeant ce qui lui tombe sous la main, flocons d'avoine, marmelade, cornichons ou margarine, tout en faisant bien attention de ne pas se faire prendre.

Au sortir de l'hiver 1943-1944, après quasiment un an passé enfermées dans le bloc 10, les SS décident que nous pouvons travailler un peu à l'extérieur. Ce revirement est lié au développement des recherches menées au commando voisin de Rajsko sur une variété particulière de pissenlits, le kok-saghyz, dont les racines contiennent une sorte de latex permettant de fabriquer du caoutchouc. Nous quittons donc le camp en rangs par cinq, encadrées par des SS, pour cueillir des pissenlits et d'autres herbes très communes dans les prairies environnantes que nous ramenons ensuite au bloc dans nos paniers. Là, nous les étalons pour les faire sécher sur de grandes claies installées dans le grenier. Durant ces séances de cueillette, la surveillance n'est pas très serrée. Nos gardes savent très bien que les filles du bloc 10 ne vont pas s'évader et ils discutent le plus souvent entre eux. Nous pouvons donc insensiblement nous éloigner les unes des autres et rôder du côté des bâtiments de l'administration SS en faisant bien entendu semblant de ramasser nos précieuses herbes. Notre récolte est assez piètre, en vérité. En faisant très attention, nous échangeons quelques mots avec les détenues qui y travaillent, parfois aussi de la nourriture.

Ces sorties sont assez irrégulières dans le temps et, en définitive, peu nombreuses. Mais, elles sont pour moi l'occasion de revoir Aimé, de façon plus intime cette fois. L'énorme bâtiment où il travaille se trouve au milieu d'une grande prairie où « nos » fameux pissenlits prolifèrent, si bien que le plus naturellement du monde, je m'en approche de plus en plus.

Nous arrivons de cette manière à nous retrouver quelques fois, pour une poignée de minutes seulement, durant lesquelles nous nous encourageons à nous accrocher, encore et encore, car nous sentons la fin approcher. Bien sûr, nous profitons aussi de ces rares moments pour échanger quelques baisers à la sauvette en faisant bien attention de n'être pas vus par les SS. Je dois l'avouer, la peur au ventre, je ne me montre guère tendre et fleur bleue. Le moment est loin d'être romantique !

Un beau jour, un SS qui nous pistait peut-être depuis longtemps, nous surprend. Les mois passant, nous pensons que l'incident va rester sans suite, mais nous finissons par être convoqués, séparément, dans une baraque où se trouve le commandement du camp. Comme punition, je suis condamnée à trois semaines dans un commando de terrassement, Aimé à une douzaine de coups de gourdin sur les reins. Heureusement, nous sommes déjà en novembre 1944, l'ambiance au camp a beaucoup changé : les chambres à gaz et les crématoires ont été détruits, les transports n'arrivent plus à Auschwitz et le camp commence à être évacué en raison de l'avancée soviétique. Je fais tout de même mes trois semaines de terrassement, mais la joie au cœur car nous entendons les Soviétiques dans le lointain. Les SS quittent peu à peu le camp, ils sont remplacés par de vieux rappelés. Dans cette pagaille générale, j'accomplis mes trois semaines de rude labeur sans trop souffrir. À une autre époque, pincés en train de nous embrasser comme nous l'avions été, nous aurions sans doute été fusillés sur place.

Aimé n'est pas seulement un soutien constant pour moi, il apporte aussi sa protection à mon jeune frère, Michel, lorsque celui-ci arrive à Auschwitz. Longtemps caché chez des amis qui le font passer pour leur fils, il finit par être arrêté en mai 1944 lors d'une rafle d'otages organisée à la suite d'un attentat dans le quartier où il habite à Bruxelles. Quand les Allemands découvrent qu'il est juif, il est aussitôt déporté à Auschwitz. J'apprends sa présence par Margrit, une détenue slovaque qui vient se faire soigner au bloc 10. Employée à la *Politische Abteilung*, la « section politique » chargée de l'enregistrement des détenus et de leur surveillance, elle a repéré son nom sur la liste d'un convoi en provenance de Belgique. J'alerte Aimé qui se rend au bloc où Michel a été affecté pour avoir des nouvelles. Il réussit à lui faire régulièrement parvenir un peu de nourriture. Même si plus d'une fois, il doit se battre avec les Polonais du bloc, très antisémites, pour qu'ils le laissent tranquille.

En août 1944, nous quittons le bloc 10 où nous sommes remplacées par des familles roms qui seront exterminées à Birkenau par la suite. Nous sommes affectées dans l'un des nouveaux bâtiments construits dans la zone d'extension, au-delà du camp primitif, pour accueillir de nombreux ateliers. Mais, là encore, Aimé parvient à garder le contact avec moi. Il se débrouille pour se faire embaucher dans le commando des égoutiers qui intervient dans toute la zone des prisonniers. Pour pouvoir me retrouver, il fait semblant de creuser des tranchées à proximité de mon bloc et nous parvenons ainsi à échanger quelques mots à travers le grillage. Si courts soient ces moments, ils nous permettent à chacun de tenir, jour après jour.

Chapitre 11

Le bloc 10 est un lieu un peu à part à Auschwitz. Nous y vivons des choses tout à fait particulières. C'est par exemple au bloc 10 que sont apportées les prothèses dentaires des personnes gazées pour qu'en soit extrait le métal précieux. Chaque matin, un SS livre les prothèses prélevées sur les cadavres dans une grande boîte en carton, très haute. Au fond du bloc, au rez-de-chaussée, quatre dentistes dont une petite Slovaque nommée Tonka, travaillent avec des brûleurs plutôt sommaires, sorte de petits réchauds à gaz de camping. Tonka m'explique un jour que les métaux précieux chauffés avec une simple flamme sont très malléables et s'enlèvent facilement. Dans les premiers jours, l'arrivée du SS avec ses prothèses nous choque terriblement. Certaines de mes amies se trouvent mal lorsqu'elles l'aperçoivent avec sa sinistre cargaison, quelques-unes tournent même de l'œil en pensant au sort tragique de leurs propriétaires. Peu à peu, nous ne lui prêtons même plus attention. Une terrible banalité s'installe dans notre quotidien. Nous nous forgeons progressivement une cuirasse, sinon la vie ne serait pas possible dans un tel lieu.

Bien qu'isolé du reste du camp, un va-et-vient important règne au bloc 10. En dehors du suivi médical qui vaut à chacune d'entre nous d'être régulièrement appelée au rez-de-chaussée, il accueille d'autres femmes pour des examens « normaux ». Les filles de la *Politische Abteilung* doivent, par exemple, très régulièrement se présenter pour des visites de contrôle. La plupart sont de jeunes prisonnières slovaques, parmi les premières arrivées au camp. Les SS, ayant besoin d'interprètes pour les convois venant des quatre coins de l'Europe, les ont choisies en raison de leur maîtrise des langues étrangères. La Slovaquie a appartenu à cette Europe centrale soumise à des découpages de territoires et de populations incroyables. Elle a tour à tour fait partie du royaume de Hongrie, de l'Empire austro-hongrois avant d'intégrer la Tchécoslovaquie après la Première Guerre mondiale, si bien que ces filles parlent en général le hongrois, le slovaque, le tchèque, l'allemand et beaucoup aussi le serbo-croate et le polonais. Comme elles sont en contact avec la direction du camp, il faut que leur hygiène et leur santé soient parfaites pour ces messieurs les SS qui redoutent les contaminations par-dessus tout. Lors de ces visites, nous échangeons assez souvent quelques mots avec elles. En raison de leur position, elles peuvent nous transmettre des nouvelles sur le camp, nous signaler l'arrivée ou le transfert d'un proche.

On l'ignore souvent, mais il existait à l'entrée du camp un bordel réservé aux droits-communs allemands chargés d'encadrer les prisonniers, les kapos. Les filles, de jeunes Ukrainiennes et Polonaises, arrêtées comme asociales, sont aussi suivies chez nous du point de vue gynécologique. Nous avons donc des contacts fréquents avec elles, nous pouvons discuter, elles nous fournissent des informations. Elles essaient de nous venir en aide en nous passant un morceau de pain, un peu de savon ou une rondelle de saucisson. Malheureusement, elles ne sont pas venues au bloc très longtemps, quelques mois seulement, après nous ne les avons plus jamais revues.

Dans notre convoi, après notre arrivée au bloc 10, les médecins sont venus chercher celles qui étaient infirmières de profession. Elles étaient trois dont une de mes bonnes amies, Régine. Choisies pour travailler à l'hôpital SS, elles ne sont cependant pas affectées au service médical, mais sont surtout chargées de maintenir les lieux propres et de vider les seaux utilisés par les malades pour leurs besoins. Elles partent chaque matin aux infirmeries SS et rentrent coucher le soir au bloc.

La vie du bloc est aussi animée par les allées et venues des médecins et de leur personnel. Si Schumann ne vient presque jamais, Clauberg et Wirths mènent leurs expériences au rez-de-chaussée. Le docteur Mengele, en quête de cobayes, se rend assez souvent au bloc 10, lui aussi. À l'époque, je ne savais absolument pas qu'il s'agissait de Mengele, mais j'ai toujours son visage, terrible, imprégné là dans ma tête. Un jour, il nous a toutes bien regardées, sous toutes les coutures, puis il a emmené une femme et sa fille, toutes deux très petites et se ressemblant d'une manière incroyable. Elles étaient originaires de Liège. Elles faisaient partie de mon convoi et je les vois encore, comme si elles étaient là devant moi. Une autre fois, il a désigné parmi nous un groupe d'une vingtaine de femmes. Elles ont suscité l'envie du bloc tout entier parce qu'elles ont été habillées de pied en cap avec les plus beaux vêtements du Canada*. Elles ont notamment reçu des fichus fleuris magnifiques et ont été abondamment nourries avant leur départ. Nous étions toutes persuadées qu'elles allaient être employées comme bonnes chez les SS. Ce n'est qu'après la Libération que nous avons appris la terrible vérité. Elles avaient été conduites en Alsace au camp de Natzweiler-Struthof où elles avaient été gazées pour que le docteur August Hirt, de l'Institut d'anatomie de Strasbourg, puisse constituer sa collection de squelettes.

Au rez-de-chaussée, se trouvent aussi les chambres des médecins détenus, le docteur Fleck, les époux Seeman ainsi que les époux Unschweif, tous originaires de Lwow, en Ukraine, arrêtés en décembre 1942 dans le ghetto par les Allemands qui avaient eu vent de

---

* Le Canada désigne les bâtiments où sont triés et stockés l'ensemble des biens volés aux déportés à leur arrivée à Auschwitz. Le terme est d'abord utilisé par les détenus en référence au pays du même nom, synonyme de richesse et d'opulence dans leur imaginaire, avant d'être officialisé par l'administration nazie.

leurs travaux et souhaitaient exploiter les résultats de leurs recherches. Ils avaient obtenu un vaccin à partir de l'urine de patients atteints du typhus. À Auschwitz, on les charge du diagnostic de la syphilis, du typhus et d'autres infections à partir de tests sérologiques. Ils sont installés au bloc 10, avec leurs enfants, et possèdent un laboratoire plutôt rudimentaire pour mener à bien leurs travaux.

Sur le quai à notre arrivée, des hommes de notre transport avaient été sélectionnés pour entrer à Auschwitz où les nazis avaient besoin d'artisans spécialisés, tailleurs, couvreurs, maçons… Aussi, parmi les femmes belges entrées avec moi au bloc 10, certaines ont leur mari logé dans des blocs à proximité. À la fin de la journée, ils se promènent souvent le long de l'allée du camp. Leurs épouses, en se postant aux fenêtres non condamnées du côté du bloc 9, peuvent échanger, le temps d'un instant, quelques regards avec eux. Certains, comme le mari de mon amie Hélène Nudel, s'arrangent avec les « 45 000 » pour prendre momentanément une place pour le transport de la nourriture. Au mépris du règlement intérieur du camp, ils peuvent alors s'entretenir de brèves minutes avec leur femme. La nuit, lorsque le personnel SS a quitté le bloc, certains hommes parviennent à y pénétrer en se glissant dans la cave par une trappe dont l'existence n'est connue que de très peu d'entre nous.

En dehors des quelques Juives qui sont enfermées avec nous au bloc 10, j'ai connu d'autres Françaises au camp d'Auschwitz, en particulier parmi les rescapées du convoi des « 31 000 ». Un jour, nous voyons arriver dans notre bloc une détenue de haute taille, aux longs cheveux, avec un triangle rouge marqué d'un « F ». Elle s'installe au rez-de-chaussée dans une chambre qui lui est attribuée. Nous finissons par apprendre que « la Française », comme nous l'avons aussitôt surnommée à l'étage, est la doctoresse Adélaïde Hautval, déportée comme amie des Juifs dans le convoi des « 31 000 ». Nous parvenons assez rapidement à l'approcher. Elle nous apprend qu'elle vient de Birkenau. Nous en profitons donc pour lui demander des nouvelles de nos camarades envoyées là-bas. Je l'interroge au sujet de ma mère. Elle nous répond avec beaucoup de tact, en utilisant des mots choisis, que toute survie est quasi impossible dans le camp des femmes où les conditions d'existence sont dantesques.

Haïdi, comme tout le monde l'appelle au camp, est d'une aide précieuse durant le peu de temps qu'elle passe avec nous. C'est vraiment une femme tout à fait exceptionnelle, dotée d'un sang-froid étonnant. Elle prend l'habitude de nous réunir pour nous communiquer les informations vitales à notre survie. Comme nous ne sommes pas autorisées à nous rendre au rez-de-chaussée en dehors des appels, des distributions de nourriture ou pour satisfaire un besoin naturel, c'est dans les toilettes qu'elle improvise ses « cours ». Nous sommes très jeunes, souvent citadines et ignorantes sur bien des points. Elle tente de nous rassurer au sujet des expériences que nous subissons, s'efforce d'apporter des réponses scientifiques à toutes nos interrogations. Non, le gonflement anormal de nos ventres ne provient pas de fécondations artificielles, mais de l'alimentation que nous recevons. À force d'explications, elle parvient à chasser de nos esprits tous les fantasmes qui s'étaient développés parmi nous. Haïdi nous apprend aussi que les pissenlits que nous ramassons sont comestibles, et même plein de vitamines. Elle nous encourage à en manger lors de nos sorties, à en rapporter au bloc pour nos amies. Plus âgée que nous, elle nous prend sous son aile, nous enseigne de petites choses du quotidien qui nous permettent de tenir.

Hélas, Haïdi nous quitte assez rapidement, en août 1943. Durant son séjour au bloc 10, elle nous a fait passer des examens gynécologiques tout à fait « normaux », nos médecins souhaitant disposer de cobayes en bonne santé. Peu après son départ, les Polonaises prisonnières au rez-de-chaussée nous ont expliqué que Haïdi avait été renvoyée à Birkenau parce qu'elle avait refusé à plusieurs reprises, malgré leurs demandes pressantes, de se prêter à leurs expériences inhumaines.

D'autres « 31 000 » sont affectées aux ateliers de couture où elles nettoient et réparent les uniformes SS. Ils sont situés eux aussi en dehors de l'ancienne caserne. Nous profitons donc de nos cueillettes pour entrer en contact avec elles. Elles réussissent de temps à autre à nous faire passer discrètement un peu de nourriture, des vêtements. Parfois, il nous arrive aussi d'aller jusqu'au commando de Rajsko avec ses énormes serres chauffées, ses champs expérimentaux, son laboratoire où les femmes sont chargées, sous la direction d'ingénieurs agronomes SS, de cultiver et de transformer des plantes, en particulier ce fameux pissenlit venu d'Asie, dont les racines contiennent une sorte de caoutchouc. Une petite vingtaine de

« 31 000 » travaillent à Rajsko dont Madeleine Dechavassine et Marie-Élisa Cohen, communistes et ingénieures-chimistes de formation toutes les deux, que j'ai particulièrement bien connues. De temps en temps, elles me passent des carottes ou des pommes de terre cultivées dans le potager du commando, que je rapporte, non sans risque, au bloc 10, pour les partager avec mes camarades.

Chapitre 12

À partir de l'automne 1944, nous sentons que l'atmosphère du camp change à mesure que les armées nazies reculent. Si quelques SS réagissent avec une fureur accrue, chez beaucoup s'exprime désormais une certaine retenue, la discipline se desserre un peu. Le commandant du camp, Arthur Liebehenschel ne souhaite plus que les prisonniers le saluent, par exemple. En d'autres temps, ne pas se découvrir, ne pas baisser le regard au passage d'un SS aurait conduit à une sévère punition. De notre côté, nous vivons aussi dans une espérance complètement différente. Nous entendons l'artillerie soviétique très nettement, la terre tremble même parfois sous nos pieds, des bombardements illuminent le ciel polonais. Les chambres à gaz et les fours crématoires ont été dynamités et les convois n'arrivent plus à Birkenau. Nos médecins ont disparu. L'évacuation du camp a déjà commencé, en particulier vers les camps de Gross-Rosen et Buchenwald. Certaines femmes SS, mortes de peur, tentent de se dissimuler parmi nous, alors que les triangles verts allemands sont réquisitionnés pour faire partie des régiments spéciaux de Dirlewanger*. Nous savons que la fin du camp est proche.

Le 18 janvier 1945, nous sommes convoquées pour l'appel du matin. Nous devons descendre de nos lits et nous ranger par cinq. Les femmes SS nous demandent de mettre sur nous tout ce que nous possédons. Heureusement, les filles du Canada nous avaient fait passer peu avant des pull-overs et des lainages. Personnellement, je suis persuadée que je serais morte de froid sans cette solidarité. Comme nous n'avons pas de bas, que nous ne sommes chaussées que de socques en bois, nous faisons preuve d'ingéniosité en enfilant les pull-overs

---

* La brigade Dirlewanger est une unité rattachée à la SS composée pour partie de repris de justice et de prisonniers libérés des camps de concentration. Chargée à l'Est de la lutte contre les partisans, elle est restée tristement célèbre en raison des nombreuses exactions commises par ses soldats.

par le bas. Nous glissons nos jambes dans les manches, ramenons le corps du pull sur notre torse en l'attachant à la taille à l'aide de bouts de ficelle que nous avons organisés*.

Au moment de l'évacuation du camp d'Auschwitz, les colonnes des femmes et celles des hommes se croisent rapidement. Je parviens à échanger quelques mots avec Aimé. Par des camarades arrivés au camp en 1944, il a appris que sa femme l'a remplacé. Quant à moi, je sais déjà que j'ai perdu une bonne partie de ma famille. Alors, il a juste le temps de me dire : « Tu m'écris poste restante Paris 12e. On trouvera bien le moyen de se retrouver. » L'échange est extrêmement bref car déjà les colonnes de détenus s'éloignent et je perds soudainement de vue celle d'Aimé.

Il fait -20 degrés, le sol est couvert d'une épaisse couche de neige. Nous marchons ainsi pendant trois ou quatre jours pour parcourir environ 70 kilomètres, dans l'état où nous sommes ! Affamées, à peine vêtues de guenilles, sans nourriture ou presque. Nous n'avons reçu à notre départ qu'un peu de pain noir accompagné

---

* Dans la langue des camps, « organiser » signifie voler.

d'un morceau d'ersatz de saucisson et de fromage. Et malgré le froid, nous avons aussi terriblement soif. Pourtant, celles qui possèdent des connaissances nous mettent rapidement en garde, elles nous recommandent de ne surtout pas manger la neige, sa température pouvant entraîner un choc thermique pour l'organisme et provoquer des diarrhées aiguës. Nous sommes donc entourées de toute cette neige, mais nous mourons de soif. Je dois avouer que j'ai un blanc complet au sujet de cette évacuation. Je ne me souviens pas, par exemple, où nous avons couché. Je me rappelle en revanche des morts sur le bord de la route. Tous ceux qui ne pouvaient pas suivre la colonne étaient aussitôt abattus d'une balle dans la tête par les SS.

Au bout de cette marche, nous arrivons à la gare de Loslau où nous attend un grand convoi composé de plates-formes ouvertes pour transporter le charbon dans lesquelles nous sommes entassées à 100. Dans ces conditions, il est impossible de rester debout ou même couché. Nous nous accroupissons, avec une camarade entre nos jambes, ce qui nous permet de garder un peu de chaleur. J'ai, là encore, un trou total concernant ce voyage. Je ne me souviens que d'une seule chose. Quand nous descendons des wagons, certaines camarades, assises contre les parois, ne bougent pas. Nous les houspillons, leur demandons de se dépêcher, car nous allons encore nous faire battre si elles traînent trop. Mais aucune réaction de leur part. Alors nous nous rendons compte qu'avec la pression – nous étions compactées les unes dans les autres –, celles qui étaient collées contre les parois ont gelé sur place à cause du froid tellement intense. Et nous ne nous sommes aperçues de rien, nous n'avons rien entendu, ni une plainte, ni un cri, rien.

Bien que saisies d'effroi, nous n'avons pas le temps de nous apitoyer davantage, il faut déjà nous remettre en marche et accomplir les derniers kilomètres qui nous séparent de notre nouvelle destination : le camp de Ravensbrück. Je peux vous assurer que l'Enfer de Dante à côté, c'est une colonie de vacances ! Imaginez un peu, toutes les femmes de Birkenau et des camps menacés par l'avancée des armées alliées, refluant vers Ravensbrück dans une pagaille indescriptible. Il fait si froid que toutes les canalisations du camp ont gelé, les toilettes bouchées débordent. Le camp est couvert d'excréments. Dans les salles où nous sommes parquées, l'entassement est tel que je me réfugie, je ne sais comment, avec d'autres camarades sur de petites armoires, hautes et étroites, comme celles que l'on trouve dans les usines. Nous y restons trois jours entiers. Lorsqu'un besoin pressant nous oblige à en descendre, nous devons supplier les femmes restées au sol de s'écarter pour nous laisser passer. Aucune nourriture, rien de prévu ! Ce séjour à Ravensbrück est vraiment épouvantable. C'est d'ailleurs là que nous attrapons nos premiers poux.

Au bout de trois semaines, avec les filles du bloc 10, nous sommes désignées pour partir en commando. Nous quittons ce lieu sordide pour Neustadt-Glewe, une petite ville de quelques milliers d'habitants située à environ 130 kilomètres au nord-ouest de Ravensbrück. Je ne me souviens pas comment s'est opéré le transfert. Sur place, nous travaillons sur un terrain d'aviation destiné aux petits appareils utilisés pour la photographie aérienne. Comme il est bombardé quasi quotidiennement, nous sommes chargées de reboucher les trous sur la piste afin qu'ils puissent continuer à décoller. Le travail est harassant, et nous ne disposons d'aucun matériel. Pas de bêches, plus de râteaux ni de pelles ou de brouettes ! C'est une débâcle inimaginable et nous devons charrier la terre dans des cageots que nous portons à deux, pendant des heures. Nous sommes environ 500 femmes logées à l'intérieur de baraques en bois dans un tout petit camp, sans couverture, sans rien. De janvier à mai, nous sommes restées là sans pouvoir nous laver. Déjà l'Allemagne était complètement défaite et les Allemands eux-mêmes n'avaient plus à manger. Alors vous pouvez imaginer nos conditions de survie dans les derniers camps ! Il n'y avait aucune nourriture ou presque. Sur ce terrain d'aviation, les déportées affamées avaient fait disparaître toute végétation. Plus un pissenlit ou la moindre herbe, plus une écorce sur le tronc des arbres, plus rien, c'était effroyable !

Je peux affirmer que ces trois mois ont vraiment été les plus pénibles de ma déportation. Je suis parvenue, comme la plupart de mes camarades de détention, à la dernière extrémité, malgré la jeunesse de mes 21 ans. Avec la fatigue, le manque de nourriture, je n'ai plus aucune résistance et j'effectue tous mes gestes au ralenti. Dans l'état de faiblesse extrême dans lequel nous nous trouvons, nous n'avons plus vraiment la perception de la réalité. Cet affaiblissement généralisé n'est même pas douloureux. À demi inconscientes, nous glissons doucement, presque imperceptiblement, vers une mort qui nous tend les bras. Heureusement, un matin, nous ne sommes pas appelées pour partir en commando. Au bout d'un moment, nous réalisons que les SS ont fichu le camp. Nous sommes libres ! Libres, certes, mais complètement livrées à nous-mêmes.

Chapitre 13

Au moment de l'évacuation du camp, au milieu des détenus, j'aperçois mon frère Michel. Il a bénéficié jusque-là de la protection d'Aimé et des autres « 45 000 », mais dans la pagaille qui règne au moment de la constitution et du départ des colonnes, il se retrouve séparé d'eux.

Je n'ai pas cherché à savoir où mon jeune frère a été évacué, ni où et comment il est mort. C'est la même chose pour mon père. Les détails me sont trop pénibles. Pour ma mère, je sais en revanche : elle est partie à Birkenau. Pour mon frère et mon père, je ne veux pas même y penser. Pour moi, ils font partie des millions de morts de cet immense cimetière commun, cette masse anonyme de tous ceux qui ont disparu*. Pour résister à toutes ces horreurs, je dois les analyser froidement, avec un certain recul. Si je commence à aller dans le fond des choses, à envisager par exemple le sort de ces pauvres enfants arrivés à Birkenau sans leurs parents, rien que le voyage... Comment ont-ils fait pour supporter ces trois jours dans ces wagons ignobles ? Il m'est impossible de penser à leur mort.

Lorsque nous avons quitté Auschwitz à pied, Aimé a cherché à me rejoindre. Il pensait que nous pourrions nous échapper ensemble, c'était un peu sa marotte depuis que nous étions à Auschwitz. Malheureusement, il n'est pas parvenu à s'approcher de ma colonne. Marchait-il devant moi ou derrière moi, dans cette débandade généralisée, je ne saurais le dire. Il a dû emprunter sensiblement le même trajet que moi, la même route enneigée, jonchée des cadavres de nos camarades qui ne pouvaient plus suivre. Chaque retardataire qui traînait un peu trop en arrière de

* D'après le Service international de recherche d'Arolsen, Michel est d'abord évacué au camp de Gross-Rosen où il porte le matricule 91 103. Le 10 février 1945, il est enregistré au camp de Buchenwald sous le numéro 130 066. Il y décède quelques jours plus tard, le 24 février 1945.

la colonne était abattu d'un coup de fusil. Le sang s'échappant de son corps venait teinter de rouge la neige que nous foulions par milliers. Seuls les malades étaient restés au camp avec quelques gardiens, tous les détenus à peu près valides avaient été jetés sur les routes.

À son arrivée à Loslau, Aimé couche dans un champ de course avant d'être embarqué le lendemain dans un train composé de plates-formes pour le transport du charbon, comme moi. L'entassement, le froid intense, la faim – Aimé se rappelle avoir reçu une unique boule de pain au moment du départ d'Auschwitz –, la soif et l'épuisement sont à l'origine d'un nombre effroyable de morts. Le train marque des arrêts, change de direction à plusieurs reprises en raison du chaos provoqué par les bombardements alliés, l'évacuation des troupes vers le centre de l'Allemagne et la fuite de la population civile. Après quatre jours de voyage, il finit par s'immobiliser en gare de Mauthausen, sur le bord du Danube, en Autriche. Lorsque les portes des plates-formes s'ouvrent, les morts sont plus nombreux que les vivants. Malgré leur état pitoyable, alors qu'ils tiennent pour certains à peine debout, ces derniers survivants doivent encore accomplir 4 kilomètres à pied pour rejoindre le camp installé dans une forteresse qui se dresse un peu à l'écart de la ville.

Aimé entre au camp de Mauthausen le 25 janvier 1945. Mourant de soif, il se jette comme ses camarades sur la neige qu'ils mangent tous à pleines poignées. Rassemblés sur l'esplanade, ils doivent se mettre complètement nus pour la désinfection, puis suivent les habituelles formalités administratives réservées aux nouveaux arrivants. Aimé reçoit le matricule 118 146, sa nouvelle identité désormais. Ils sont ensuite entassés dans un bloc, où ils passent trois nuits assis encastrés les uns dans les autres, sans possibilité de se lever. Le 28 janvier, Aimé est transféré avec 12 autres « 45 000 » au commando de Melk, situé à une soixantaine de kilomètres en aval du Danube. Les détenus y sont employés à la construction d'une usine souterraine de roulements à billes. Elle n'en produira jamais un seul ! Le travail est épuisant, surtout pour des hommes déjà très affaiblis qui ne reçoivent pour toute nourriture qu'une soupe de rutabagas. Ils doivent par ailleurs supporter les sévices de leurs gardiens. Une nuit, après avoir été contraints de se déshabiller entièrement, Aimé et ses camarades sont jetés hors de leur bloc pour un appel de plusieurs heures durant lequel ils doivent rester totalement immobiles. Aimé voit l'un de ses camarades tomber, mort de froid, à côté de lui. Mais il ne faut surtout pas craquer, pas maintenant. Depuis le commando, Aimé peut observer les soldats allemands battre en retraite par milliers à vélo, en voiture, en brouette même, et ça, c'est vraiment bon pour le moral.

Mi-avril, Aimé subit une ultime évacuation pour rejoindre, après une marche forcée de 160 kilomètres environ, le commando d'Ebensee situé au bord du lac de Traunsee, au pied des Préalpes de Haute-Autriche. Là aussi, les galeries prévues pour accueillir une usine souterraine sont encore en cours de creusement et Aimé doit, toute la journée, évacuer de lourds chariots remplis de terre. Sa volonté de résister demeure intacte, mais ce travail de forçat l'épuise peu à peu. Il a très mal aux reins et ne peut plus pousser les chariots ni se tenir debout. Il est même prêt à se jeter sur les barbelés pour en finir, mais se ravise finalement. Heureusement, il parvient à obtenir un poste d'électricien un peu moins exposé. Durant les derniers jours avant la libération, la tension est portée à son comble. Au cours d'un appel, le commandant du camp annonce aux détenus qu'ils vont être enfermés à l'intérieur du tunnel. Une rumeur folle commence à circuler parmi eux : à l'approche des Alliés, les SS feront sauter le tunnel avec de la dynamite pour se débarrasser de leurs prisonniers.

Le 6 mai 1945, les soldats américains libèrent enfin Ebensee. Ils encerclent le camp et distribuent aux détenus des boîtes de rillettes de 1 kilo. Ils n'ont plus que la peau sur les os, leurs organismes ne sont plus habitués à recevoir une nourriture si riche. Beaucoup sont pris d'une dysenterie terrible. Quelques-uns perdent même la vie. Plus tard, avec son copain Léon, Aimé sort du camp à la recherche d'escargots. La chasse est bonne, mais ils regrettent de ne pas trouver d'ail pour les accommoder. Ils se délectent malgré tout de ce plat que leurs estomacs peinent encore à digérer.

Aimé n'a rien perdu de ses convictions politiques. Peu après la libération, il participe à une réunion de cellule du Parti communiste organisée par des militants français, Jean Laffitte en tête, l'un des dirigeants de la résistance clandestine à Ebensee. Elle a lieu dans une baraque que les détenus ont pris soin de nettoyer et de vider de ses lits. Plusieurs dizaines de Français et d'Espagnols y assistent. Dans les jours qui suivent, un soldat américain au volant d'une Jeep demande aux détenus s'il se trouve parmi eux des anciens d'Auschwitz. Aimé se manifeste aussitôt. Le GI, un Juif américain, le conduit à bord de son véhicule jusqu'à la cantine du camp où un SS est occupé à faire la vaisselle. Aimé confirme qu'il s'agit bien de l'un de ses bourreaux d'Auschwitz, il est catégorique. En guise de remerciement, Aimé reçoit un costume de SA. C'est dans cette tenue qu'il accomplit son voyage de retour vers la France. Avec ses camarades, il est d'abord conduit en camion jusqu'à Nuremberg où il séjourne quelques jours dans une ancienne caserne SS transformée en centre de regroupement, puis il embarque dans un train à bestiaux qui le ramène à Paris le 23 mai.

De la gare de l'Est, Aimé est emmené au centre d'accueil aménagé pour les déportés à l'hôtel Lutetia, sur le boulevard Raspail. Il y subit un examen médical sommaire à l'issue duquel son état général est jugé « moyen ». Aimé ne reçoit pour autant aucun soin particulier bien que le médecin qui l'ausculte signale qu'il souffre d'une bronchite et de diverses contusions, en particulier à la hanche droite et au mollet gauche. Trois semaines après sa libération, même s'il a repris un peu de poids, il est encore très amaigri. Après la visite médicale, Aimé est interrogé par la sûreté militaire qui cherche à démasquer d'éventuels usurpateurs parmi les rapatriés. Il doit répondre à des questions sur son identité, sa profession ou sa déportation. Enfin, Aimé se voit remettre un costume et la somme de 10 francs. Avant de pouvoir quitter les lieux, il lui faut encore répondre aux sollicitations des familles qui se pressent au Lutetia à la recherche d'un parent. On lui tend des photos d'hommes bien habillés et en pleine santé. Comment pourrait-il reconnaître sur ces clichés des jours heureux l'un des pauvres êtres qu'il a côtoyés dans les camps ? Au sortir du Lutetia, Aimé, dont personne n'attend le retour, décide, pour fêter sa liberté retrouvée, de pousser la porte d'un troquet avec un camarade et il commande un demi !

Le retour d'Aimé est assez douloureux. Il est marié, mais au camp, des copains de Vincennes lui ont dit qu'il était inutile de rentrer chez lui compte tenu de la conduite de sa femme. Aimé se rend donc chez ses parents qui habitent le faubourg Saint-Antoine. Il n'a absolument plus rien et doit affronter l'avenir avec une santé très fragile tant les derniers mois passés à Melk et Ebensee ont été difficiles pour lui. Aimé n'est pas accueilli avec beaucoup de compréhension de la part de ses parents qui se montrent assez indifférents à sa déportation. Gardiens de banque place de la Bastille, ils lui aménagent une petite mansarde inoccupée dans l'immeuble où ils logent. Et puis, il ne le sait pas encore, mais je vais bientôt arriver…

Chapitre 14

Pendant deux ou trois jours, nous décidons de rester sagement dans le camp. Nous savons que des SS traînent encore dans les bois en dehors. Nous ne voulons pas risquer de nous faire tuer aussi bêtement. Nous ne sommes qu'une vingtaine de Françaises et de Belges, toujours le même groupe depuis notre départ d'Auschwitz, au milieu de beaucoup de petites Russes et de Polonaises. En nous soutenant mutuellement, nous parvenons à marcher péniblement jusqu'aux cuisines, mais elles ont été entièrement vidées. Comme tout semble calme aux alentours, nous finissons par nous aventurer vers l'entrée du camp. Au bout d'un moment, nous voyons passer à portée de voix quatre soldats soviétiques. Les petites Russes les interpellent en poussant des cris. Ils s'approchent instantanément des barbelés, mais en nous découvrant, ils marquent subitement un mouvement de recul. Leur réaction me paraît curieuse sur le coup, mais compte tenu de l'état qui est le nôtre, elle n'a rien d'étonnant. Nous sommes couvertes de poux, atteintes de la gale, avec pour certaines des plaies sanguinolentes aux jambes, des haillons pour vêtements, d'une saleté qui doit vraiment être repoussante. Figurez-vous que nous ne nous sommes pas lavées depuis plusieurs mois, alors je n'ose même pas imaginer notre odeur.

L'effet de surprise passé, les Soviétiques engagent la conversion avec leurs compatriotes qui leur expliquent qui nous sommes et quel est ce lieu. Ils ouvrent alors immédiatement les grilles, mais ne peuvent nous aider davantage. Ils appartiennent à une avant-garde et ne sont absolument pas préparés à tomber sur des camps ni à prendre en charge leurs prisonniers. Ils nous conseillent de marcher jusqu'au village, distant d'environ 500 mètres, dont la population a entièrement pris la fuite. Nous y trouverons peut-être de quoi manger et nous habiller. Nous décidons donc de nous mettre en marche, en nous accrochant les unes aux autres. Nous découvrons avec stupeur un très joli village composé de petits chalets avec des fleurs aux fenêtres, des allées goudronnées très propres. Un paysage de carte postale ! Nous ne croisons effectivement personne, mais les portes sont toutes ouvertes. Dans un premier temps, nous ne trouvons aucune nourriture au rez-de-chaussée des maisons, que nous fouillons de fond en comble, pour finir par découvrir des conserves dans les greniers. Malheureusement, nous n'avons rien pour les ouvrir, nous nous blessons en tâchant de faire sauter les couvercles avec ce qui nous tombe sous la main, des clous, des marteaux, des tenailles. Affamées comme nous le sommes, nous ne prenons pas même le temps d'en cuire le contenu que nous avalons, en quelques minutes, comme des sauvages. Or, ces conserves renferment de la choucroute, sans la viande, rien que du chou fermenté. Nous sommes rapidement prises de diarrhées et vomissements terribles. Plusieurs d'entre nous sont vraiment très malades et l'une de nos camarades meurt même d'indigestion. C'était pourtant une grande femme, solide comme tout, plus âgée que nous, que nous considérions un peu comme notre mère, une Yougoslave arrêtée dans les maquis de Tito et envoyée à Ravensbrück. Nous la retrouvons malheureusement inanimée.

Nous restons environ trois semaines dans ces maisons de Neustadt-Glewe, puis une délégation militaire franco-belge arrive pour s'occuper de notre rapatriement. Les filles russes et ukrainiennes sont déjà parties depuis longtemps car les soldats soviétiques avaient réquisitionné des voitures et des chevaux pour elles. Nous, les ressortissantes des pays occidentaux, nous avons dû attendre plus longtemps. Des camions nous conduisent dans un très grand lieu de rassemblement, à Torgau, où nous assistons à la jonction des troupes américaines, anglaises et soviétiques. Nous voyons les soldats de toutes ces armées fraterniser, chanter et boire ensemble. Surtout boire d'ailleurs. Mais nous contemplons ces scènes de liesse en spectatrices car nous préférons rester entre nous. Personne, du reste, ne vient vers nous non plus. Il faut dire que nous sommes drôlement fagotées et maigres à faire peur ! Lorsque nous sommes entrées dans les maisons de Neustadt-Glewe, nous avons aussitôt troqué nos guenilles contre les vêtements qui nous tombaient sous la main, sans considération de taille, et encore moins de goût. Moi, par exemple, j'ai des chaussures dépareillées, une en 35 et une en 40. Je n'ai pas pris le temps de choisir une paire, ou des chaussures à ma façon. Mais, quelle béatitude d'avoir les pieds bien au sec dans des chaussures, j'y pense encore maintenant. Nous sommes donc toutes attifées un peu n'importe comment, avec plusieurs pull-overs et des jupes longues enfilées les unes sur les autres. Nos cheveux commencent tout juste à repousser, nous sommes encore remplies de poux. Mais surtout, nous demeurons dans une sorte d'état second. C'est comme si une partie de nous était toujours enfermée derrière les barbelés.

Ce camp à Torgau est vraiment immense. Il rassemble des prisonniers de guerre, des jeunes du STO, des travailleurs volontaires de toutes les nationalités qui attendent là leur rapatriement. De grandes cantines militaires distribuent de la nourriture en quantité relativement abondante. Avec les filles du bloc, je me traîne pour aller chercher le ravitaillement, puis nous revenons nous installer dans notre coin sans nous mêler aux autres. Personne ne vient jamais nous aider, ni même nous aborder. Nous restons entre nous, tout à fait en dehors de la joie extraordinaire des prisonniers de guerre et des travailleurs. Pour moi, personnellement, la libération n'est pas une libération. Je n'ai aucune joie en moi. Avec tous ceux que nous avons laissés derrière nous… Personne ne s'intéresse à nous. Les gens nous tiennent tout à fait à l'écart et n'ont absolument aucune envie de nous approcher. Nous devons nous débrouiller toutes seules, entre nous, agglutinées ainsi les unes aux autres. Nous réussissons à nous laver un peu, mais nous ne voyons pas de médecin, jamais, ni ne recevons aucun soin. Nous avons pourtant des plaies terribles aux jambes. Seuls des soldats américains nous inondent de poudre DDT contre les poux, de la tête aux pieds, avec un genre de pulvérisateur. Nous sommes toutes blanches.

Petit à petit, le camp se vide. Chaque délégation militaire vient à tour de rôle prendre en charge ses ressortissants. Au bout de deux ou trois semaines, c'est enfin notre tour. Des camions ouverts anglais viennent nous chercher, ils nous ramènent jusqu'en Belgique en traversant des villes allemandes totalement sinistrées. Arrivée aux Pays-Bas, je suis sidérée avec mes camarades de découvrir des magasins débordant de denrées sur lesquelles personne ne se jette. J'y vois quelque chose de fantastique tant j'éprouve encore de difficultés à me replonger dans la vie normale. Ma vie d'avant.

Au terme de ce long périple, j'arrive enfin à Bruxelles. Des amis très proches sont avertis de mon retour, ils m'attendent à la gare. Je m'installe immédiatement chez eux. C'est véritablement à cet instant précis que je ressens le premier sentiment de libération, lorsque je peux me plonger dans une baignoire avec de l'eau chaude et du savon. Je me souviens encore de la couleur de la baignoire et de celle de la savonnette. De l'écume noire à la surface de l'eau, aussi. Un moment de bien-être, enfin. Je me rappelle également de mon amie qui pleure en me voyant ainsi.

À mon retour, je suis vraiment accueillie d'une manière tout à fait chaleureuse. Mais, après avoir perdu toute ma famille, je n'arrive pas à trouver ma place. Les gens me semblent tellement futiles. Pour beaucoup, ils n'ont pas la moindre idée de ce que j'ai vécu. Ils me disent : « Eh bien, ça a dû être terrible, tu as dû avoir faim… » Avant d'ajouter illico : « Tu sais, nous aussi nous avons eu faim, nous avons été obligés de manger des pommes de terre ! » Je n'ose même pas leur répondre. Il existe une incompréhension complète entre nous. Ils n'ont aucune conscience des atrocités que nous avons subies. De notre côté, nous peinons à trouver les mots pour décrire notre expérience. Comment expliquer Auschwitz, Birkenau, Ravensbrück ? C'est impossible, le traumatisme est encore bien trop présent pour nous.

L'appartement où nous habitions à Bruxelles est occupé. Il m'est beaucoup trop douloureux d'y retourner. Je ne peux récupérer aucunes affaires, aucune photo. Le sentiment de perte est total. Heureusement, mes grands-parents qui vivent aux États-Unis m'aident immédiatement beaucoup. Ils me proposent de venir les rejoindre là-bas, ils s'occupent même de tous les papiers. Tout est prêt, je suis tentée un court moment, mais je renonce finalement à l'idée de m'expatrier outre-Atlantique car j'ai un tout autre projet, celui de retrouver Aimé.

Une fois un peu retapée, je décide d'écrire à Aimé poste restante Paris 12e. Au bout de deux semaines, je reçois sa réponse : « Je t'attends. » J'étais certaine qu'Aimé allait répondre à ma lettre, que nous allions nous revoir. Pas une fois il ne m'est venu à l'esprit qu'il pouvait être mort. Au moment de l'évacuation d'Auschwitz, jamais nous n'avons douté que les nazis allaient perdre la guerre, que nous allions nous retrouver, jamais. Je n'ai dès lors plus qu'une seule idée : partir en France pour le rejoindre.

Je mets plusieurs jours pour gagner Paris. Des voies et des ponts ayant été bombardés, les trains sont contraints de s'arrêter et d'opérer des détours parfois considérables en empruntant des lignes secondaires. Mais dormir dans les gares ou ne manger qu'un simple morceau de pain, comparé avec ce que nous avions vécu, c'est peu de chose. Après mon retour d'Allemagne, je m'étais rendue à la mairie pour qu'elle me délivre une carte d'identité, mais je ne pouvais me résoudre à attendre davantage pour obtenir un passeport. C'est donc illégalement que je franchis la frontière avec la France, toute remplie d'un espoir magnifique en l'avenir.

Chapitre 15

C'est au mois de juillet que nous nous retrouvons à Paris. Aimé m'a envoyé l'adresse d'un camarade chez lequel il loge. Je m'y rends en métro. Nous nous reconnaissons au premier coup d'œil. Pourtant, Aimé a beaucoup changé durant les six derniers mois. Il avait énormément souffert de sa détention à Melk et Ebensee. Je ne m'en rends pas forcément compte sur l'instant, mais il est physiquement beaucoup plus atteint que moi. Nous passons quelques jours ensemble chez cet ami qu'il a connu à Mauthausen, puis nous l'accompagnons chez ses parents qui habitent dans un petit village à quelques kilomètres d'Oradour-sur-Glane, dans le Limousin. Au bout d'un mois, nous revenons à Paris et nous nous installons dans la petite mansarde de la place de la Bastille. Mais quel bonheur ! Le bonheur d'être de nouveau ensemble !

Passé le temps des retrouvailles, nous cherchons à nous loger plus confortablement. Nous nous adressons à notre député, Jacques Duclos qui nous déniche un petit appartement au sixième étage dans un immeuble très cossu situé dans l'avenue du château à Vincennes. Il est composé d'une chambre et d'une toute petite cuisine, vraiment minuscule, avec un évier équipé d'un robinet et une petite fenêtre donnant sur les toits. Sur le palier, des toilettes à la turque à partager avec les autres locataires de ces petites chambres de bonne. Mais nous n'avons rien. Un camarade tapissier nous fabrique un matelas de laine et un sommier. Pour les tables de nuit, grâce à des amis commerçants, nous récupérons deux caisses assez grandes et hautes, avec une planche au milieu, servant au transport des oranges. À l'époque, les oranges étaient un luxe, elles étaient emballées individuellement dans des carrés de papier de soie. Pour les objets d'usage quotidien, il existe des « bons matières », délivrés par la mairie en priorité aux sinistrés et aux déportés comme nous. C'est ainsi que nous pouvons acheter deux casseroles que j'astique sans cesse. Suspendues au-dessus de l'évier, elles sont les bijoux de ma petite cuisine. Avec l'aide venue de droite et de gauche, nous parvenons à monter notre ménage petit à petit. Nous sommes heureux comme tout. Être chez soi, sous les toits de Paris, c'est une joie immense !

Dans ces années d'après-guerre, il règne un enthousiasme extraordinaire, une course à la main-d'œuvre. Le chômage n'existe pas, c'est totalement inconnu. Partout, on peut lire sur les ateliers, les usines : « Ici, on embauche. » Et placardées sur les murs de la ville, ces affiches avec le slogan « Depuis un an, ça va déjà mieux… Retroussons nos manches, ça ira encore mieux ! » Ce contexte nous permet de nous replonger d'emblée dans la vie. Elle nous paraît tellement belle, malgré les difficultés et les nombreuses pénuries qui sévissent encore. Nous apprécions la moindre chose que nous possédons. Nous avions connu un tel dénuement.

Après son retour, Aimé, exténué, s'est d'abord reposé pendant plusieurs mois avant de travailler comme chauffeur au ministère de la Reconstruction. Il conduit la délégation de la Cour des comptes dans ses tournées d'inspection en Normandie pour évaluer les dommages causés par les bombardements. Il part toute la semaine et ne revient à Vincennes que le week-end. Il est ensuite embauché comme chauffeur à l'ambassade soviétique dont il accompagne les invités. En 1947, j'accouche de notre premier fils, Michel. Après deux fausses couches, cette naissance est une vraie délivrance pour nous. Nous sommes au paradis. Michel est un gros bébé, un très beau bébé, en pleine santé. Je voulais une famille nombreuse. Mais, au premier enfant, on se rend vite compte que ce n'est pas si simple que ça ! Nous habitons au sixième étage, dans nos deux petites pièces, mais surtout, Aimé tombe rapidement malade.

Aimé a attrapé la tuberculose. Comme il faut l'isoler du bébé, il part dans un sanatorium pendant six mois à Saint-Martin-du-Tertre, à environ 30 kilomètres au nord de Paris. Nous n'avions été que très peu suivis, à notre retour, sur le plan médical. Aimé était peut-être primo-infecté quand il est rentré, mais nous ne le savions pas. Lorsqu'il sort du sana, il faut lui enlever un rein, complètement atrophié, à cause des coups qu'il a reçus à Auschwitz.

Il souffre énormément, mais il est désormais suivi au dispensaire de la rue Leroux créé par la FNDIRP* pour apporter des soins médicaux aux déportés. L'équipe médicale, constituée d'anciens déportés, s'avère en la matière beaucoup plus efficace pour traiter les pathologies singulières dont nous souffrons, que le circuit médical classique.

Après 1948, avec la tuberculose et un rein en moins, Aimé ne peut reprendre une activité professionnelle. Son état général est trop mauvais. De mon côté, je travaille comme salariée à l'ORT de Montreuil**, une association de réinsertion professionnelle qui se charge surtout à cette époque des jeunes déportés, des prisonniers de guerre, auxquels je dispense des cours

* La FNDIRP est la Fédération nationale des déportés et internés, résistants et patriotes fondée en octobre 1945 par le colonel Frédéric-Henri Manhès et Marcel Paul, tous deux déportés à Buchenwald.

** L'Organisation reconstruction travail est une institution juive d'éducation et de formation qui a joué en France au lendemain de la guerre un rôle important auprès des rescapés, souvent orphelins, dans leur processus de réinsertion. Elle tire ses origines d'un mouvement né en Russie à la fin du XIXe siècle prônant la formation professionnelle, initiale et permanente, comme levier d'émancipation face à l'oppression antisémite. Le lycée de l'ORT à Montreuil a été inauguré en juillet 1948.

d'enseignement général. Aimé est permanent au comité central du PC. Il assure la surveillance du siège, le « 44 », rue Le Peletier, dans le IXe arrondissement. Par la suite, il est chargé de monter la garde devant les domiciles de Jacques Duclos et de Benoît Frachon qui habitent côte à côte à Montreuil. En 1952, naît notre second fils, Daniel. C'est aussi malheureusement l'époque où Aimé tombe de nouveau gravement malade. Je dois m'arrêter de travailler pour m'occuper de lui. Un de nos amis médecin tire la sonnette d'alarme et conseille vivement à Aimé : « Dans l'état où tu es, tu vas faire tes papiers pour être réformé et pensionné et vous partez à la campagne tous les quatre. » La vie dans notre petit logement au sixième sans ascenseur n'est plus possible avec nos deux enfants. Seulement, pour partir se mettre au vert, il faut de l'argent, nous ne sommes pas bien riches.

C'est encore une fois grâce à la solidarité de l'un de nos camarades que nous pouvons réaliser ce projet. Ingénieur, il travaille aux grandes usines Kodak de Vincennes où sont fabriqués les films photographiques. Comme syndicaliste, il y fait un tel remue-ménage que la direction finit par le licencier. Proche de la retraite, il empoche une grosse indemnité de départ, et c'est tout naturellement qu'il nous propose de nous prêter de quoi acheter notre maison. En lisant *L'Humanité*, nous repérons les annonces d'un marchand de biens qui met en vente d'anciennes petites fermes, dans nos prix, situées dans l'Yonne et la Nièvre. Nous prenons contact avec lui et, après plusieurs repérages sur place, nous choisissons de nous installer à Brinon-sur-Beuvron, un petit village de 300 âmes à peine, au nord du département de la Nièvre. Nous sommes en 1954-1955.

Ce déménagement est véritablement salutaire pour Aimé qui adore vivre à la campagne. Notre habitation, une longère qu'il faut retaper, se situe à un petit kilomètre du bourg de Brinon, dans le hameau de Courcelles, composé d'une trentaine de maisons occupées par de petits paysans et des retraités. Le lieu offre un cadre de vie tout à fait bucolique avec ses collines boisées, ses terres agricoles, ses prairies et fourrés où foisonnent lièvres et perdrix, ses rivières poissonneuses, sa petite église gothique et son château fortifié. Aimé passe beaucoup de temps dehors, au jardin, à la pêche ou à la chasse. Il bricole aussi très adroitement et restaure notre maison au fil des années avec l'aide de la famille et d'amis. Il lui arrive également de réparer des appareils tombés en panne que lui apportent nos voisins.

Nous découvrons aussi une vie culturelle plutôt étonnante pour ce coin perdu de province. Brinon-sur-Beuvron est situé à proximité de Clamecy, la terre de Romain Rolland, prix Nobel de littérature, que j'admire depuis mes années d'études en Belgique. Cette ville possède une histoire passionnante marquée par la résistance au coup d'état du 2 décembre 1851 de Louis-Napoléon Bonaparte, une insurrection qui dura plusieurs jours avant d'être sévèrement réprimée par le pouvoir. Une histoire républicaine dans laquelle nous nous plongeons avec beaucoup d'intérêt.

Peu après notre installation dans la Nièvre, Aimé obtient sa pension et nous remboursons sans attendre notre copain. Cette pension nous permet de vivre, certes modestement, mais d'une façon tout à fait convenable, car nous menons une vie toute simple. Nous nous nourrissons des légumes cultivés dans notre jardin, des volailles que nous élevons, du produit de la pêche et de la chasse. Nous réussissons aussi à financer quelques travaux dans la maison et, surtout, nous engageons tout un travail comme bénévoles auprès des résistants et des déportés du secteur. Étant de nationalité belge, je ne peux pas être pensionnée en France, je dépens de la Belgique, mais je dois avouer sincèrement que je ne pense pas à effectuer les démarches car la pension d'Aimé nous suffit pour vivre correctement. Dans l'enthousiasme de l'époque, j'estime que nous avons assez. Et lorsque je me réveille quelques années plus tard, il est trop tard, l'examen des dossiers est clos.

Quand nous sommes arrivés dans la Nièvre, des copains avaient déjà fondé une section départementale de la FNDIRP. Nous nous mettons aussitôt à leur service et les aidons à développer leur activité. Aimé bat la campagne pour rechercher des déportés et les regrouper au sein de l'association. Avec tous les camarades, nous abattons un travail énorme, en particulier à Varennes-Vauzelles où il existe un milieu cheminot qui a été très touché par la répression. Beaucoup d'hommes ont été déportés dans le convoi des « Tatoués » arrivé à Auschwitz le 30 avril 1944. Bientôt, notre section compte plusieurs centaines d'adhérents. En parallèle, Aimé continue à militer au PC. Il assure notamment une importante campagne pour le journal *La Terre*, car nous avons aussi beaucoup d'amis déportés du Morvan, d'un milieu rural. Il se débrouille si bien qu'il finit en tête du nombre d'abonnements vendus et remporte une voiture pour la fédération de la Nièvre.

Nous menons aussi une grosse activité pour que les internés et les déportés de la Nièvre soient pris en charge sur le plan médical. Comme dans le département les médecins ne sont pas vraiment à même de comprendre les pathologies qui nous sont propres, comme l'asthénie par exemple, je dois les accompagner au dispensaire de la rue Leroux où sont constitués les dossiers médicaux présentés au centre de réforme. Beaucoup de camarades ne veulent pas se déplacer, la plupart d'entre eux ne sont jamais allés à Paris à l'époque. Je les assiste donc dans leurs démarches en les conduisant rue Leroux. J'effectue ce travail pendant des années.

Avec nos copains de la Nièvre, nous essayons aussi très tôt de sensibiliser la population locale, en particulier les élèves, à notre histoire. Nous montons ainsi une exposition avec les photos de tous les internés, déportés et fusillés du département. Tous les jeunes qui viennent la visiter sont invités à laisser par écrit leurs impressions à la sortie. Nous sélectionnons ensuite les cinq rédactions que nous préférons. Pour les récompenser, leurs auteurs partent avec l'amicale de Buchenwald en pèlerinage en Allemagne. C'est bien avant la création du Concours national de la résistance et de la déportation*. Nous sommes des précurseurs en la matière !

Après cette exposition, de fil en aiguille, des professeurs me demandent d'intervenir dans leurs classes, j'accepte spontanément leurs invitations. Je n'ai plus jamais arrêté depuis. Aimé, lui, n'a pas beaucoup témoigné. En raison de sa santé, il se déplaçait difficilement et puis je crois qu'il n'y tenait pas trop. En revanche, il est en contact avec l'association des « 45 000 ». Nous aimons aussi retrouver nos camarades de l'Amicale d'Auschwitz. De mon côté, je conserve un lien fort et durable avec mon groupe d'amies belges. Aimé devient président de la FNDIRP de la Nièvre. Moi, je l'épaule de mon mieux comme secrétaire départementale. Nous sommes tous les deux membres du comité national de la FNDIRP et participons, à ce titre, aux réunions de bureau et aux congrès annuels. Lors de ces rencontres, nous avons toujours

---

* Le CNRD a été créé en 1961 par Lucien Paye, ministre de l'Éducation nationale.

plaisir à retrouver nos camarades venus des quatre coins de la France. C'est vraiment une grande famille !

Au milieu des années 1960, ces responsabilités nous poussent à nous rapprocher de Nevers où l'association dispose d'un local. Nous y assurons de fréquentes permanences juridiques pour les pensions, et ces allers-retours réguliers nous coûtent de plus en plus. Brinon est tout de même à une bonne heure de route. Nous déménageons à Saint-Parize-le-Châtel, un petit village au sud de Nevers. Nous y habitons une belle maison, isolée au milieu des bois et des champs, à 3 kilomètres du bourg, dans une grande propriété dont l'entretien demande à Aimé beaucoup d'efforts et de temps.

Comme membres du comité national, nous faisons partie de délégations d'anciens déportés invités à l'étranger. En 1963, nous sommes par exemple reçus, Aimé et moi, en RDA. Plus tard, au début des années 1980, j'ai l'occasion de découvrir les contrées lointaines de l'Ouzbékistan, en Asie centrale. À titre personnel, je fais avec Michel plusieurs voyages dans des pays européens (ex-Yougoslavie, Italie, Espagne) et nous traversons même l'Atlantique pour nous rendre à Cuba. En revanche, je n'ai jamais voulu retourner à Auschwitz. Aimé non plus, d'ailleurs. Pour moi, dans le souvenir que j'en conserve, le camp est vivant. Je le vois toujours grouillant de prisonniers et je ne peux l'imaginer vide. Je sens toujours son odeur. Les déportés que j'ai connus là-bas, je les vois encore dans le camp. Si je retournais sur place, j'aurais l'impression de leur infliger une deuxième mort, sans compter l'aspect touristique que j'aurais sûrement beaucoup de mal à supporter.

Dans la Nièvre, je n'ai pas exercé d'activité professionnelle à proprement parler. Je m'occupais de mes deux fils, d'Aimé, des associations et cela me prenait beaucoup de mon temps. Et puis la vie a filé, à toute vitesse. Mes fils ont grandi, ils ont quitté le nid, ils se sont mariés. La naissance de notre première petite-fille, Florence, en 1969, nous a comblés de joie. Nous la gardions souvent à Saint-Parize-le-Châtel, bientôt rejointe par son petit frère Arnaud. Leur présence a égayé notre maison. Aujourd'hui, je suis grand-mère et arrière-grand-mère.

Dans les années 1990, nous quittons la Nièvre pour nous rapprocher de Michel. Nous nous retirons à Saint-Pierre-d'Oléron pour y passer nos vieux jours, dans une maison que nous avons fait construire avec l'aide de notre fils. Aimé est déjà très diminué physiquement. Sa vue, en particulier, a beaucoup baissé. Il ne peut plus lire, ni regarder la télévision. Il décède le 27 février 2004 à notre domicile. Je dois dire sincèrement qu'il ne me manque pas, parce que tous les jours je pense à lui comme s'il était là. Ce n'est pas pour moi un deuil, c'est la continuation de la vie. Nous avons vécu cinquante-neuf ans d'un bonheur total. Avec le recul, j'ai conscience que le fait d'avoir construit ma vie avec un ancien déporté un peu plus âgé que moi, avec beaucoup d'expérience politique et un moral à toute épreuve, a beaucoup joué pour mon propre équilibre. Avec lui, je pouvais parler de mon frère, de ma mère, de mon père, de la déportation que nous avions connue tous les deux.

Épilogue

Après le départ d'Aimé, je décide assez vite de retourner dans la Nièvre pour retrouver mes copains. Je m'installe à Nevers, au rez-de-chaussée d'un bel immeuble, à deux pas du centre-ville. Je suis amoureuse de cette ville de taille moyenne où tout le monde se connaît. Je suis très entourée par ma famille et mes nombreux amis qui prennent soin de moi. Nous avons dissous la section départementale de la FNDIRP et avons adhéré aux Amis de la fondation pour la mémoire de la déportation. Par chance, nous avons encore un petit noyau de militants très solide et nous poursuivons notre action.

Je n'ai jamais arrêté de témoigner dans les collèges et lycées. C'est la quatrième génération à laquelle je raconte mon histoire, mais ce n'est pas *Plus belle la vie*, c'est toujours le même récit. Année après année, j'ai noué des liens très forts avec le monde enseignant. Certains des élèves que j'ai rencontrés sont devenus à leur tour professeurs, c'est quelque chose de formidablement réconfortant pour moi. Même si ces interventions me fatiguent beaucoup, j'essaie d'honorer chaque sollicitation que je reçois. Les jeunes sont si réceptifs, leurs professeurs si passionnés. Avec l'âge, évidemment, je dois à présent lever le pied, mais je continue malgré tout à porter mon message autant que je peux. C'est tellement important que des jeunes s'intéressent à l'histoire de la déportation, à l'extermination des Juifs, que je peux bien faire encore un effort. Compte tenu du petit nombre de survivants, je crois qu'il est essentiel de témoigner encore et encore, avant que tout cela ne s'éteigne, et très rapidement maintenant.

En tant que militante des droits de l'homme, il est primordial pour moi de transmettre aux jeunes un message d'espoir. Malgré les difficultés actuelles, la vie est tellement belle, tellement enthousiasmante. Qu'est-ce qu'il y a de plus beau que la vie ? Qu'est-ce qu'il y a de plus beau que de tomber amoureux, de fonder une famille. Dans les pires moments de mon existence, je n'ai jamais perdu cette espérance en l'espèce humaine, capable du pire, comme du meilleur. Ma rencontre avec Aimé, la naissance de notre amour au cœur de l'enfer, m'a donné à jamais une force incroyable qui m'a portée toute ma vie. Alors oui, je suis une perpétuelle optimiste !

Mais, comme je dis toujours aux élèves, il ne faut pas attendre que les autres décident pour vous. Il faut s'engager, concrètement ! Il faut avoir le courage de se battre. Pour cela, il faut évidemment savoir ce dont les hommes ont été capables par le passé. Il faut donner aux jeunes des éléments pour réfléchir, pour qu'ils se fassent une opinion par eux-mêmes, en tant que citoyens. J'ai confiance en la jeunesse, j'espère qu'on ne pourra pas la berner comme les nazis ont trompé le peuple allemand.

Les élèves ont des professeurs d'histoire qui sont bien plus compétents que moi, dont c'est le métier de leur apporter des éléments de connaissance, de contextualiser les faits. Moi, je me contente modestement de leur parler, comme si j'étais leur grand-mère, de leur dire les choses comme je les ai vécues. Je viens simplement témoigner devant eux, avec mon cœur et l'amour que je leur porte. C'est très fatigant bien sûr, mais j'apprends aussi beaucoup à leur contact. Cela me ragaillardit à chaque fois, ils sont tous tellement beaux. Il faut aimer les jeunes pour pouvoir discuter avec eux. Je les trouve vraiment très intéressants, souvent bien plus que les adultes. Ils m'obligent à me tenir et j'essaie de me maintenir à leur niveau. Certaines fois, j'arrive épuisée dans les établissements scolaires, mais je rentre toujours chez moi pleine d'énergie en me disant qu'il faut absolument que je continue.

Tellement de combats restent à mener aujourd'hui. En premier lieu, contre l'intolérance et la haine de l'autre, contre toutes les manifestations de racisme et d'antisémitisme. Il faut avoir conscience de la chance que nous avons de vivre dans une république libre et laïque. Vivre ensemble, c'est tellement formidable et précieux. Nous ne nous en rendons peut-être plus compte aujourd'hui car nous y sommes tellement habitués… C'est comme l'abondance qui nous incite à acheter puis jeter, et à acheter de nouveau. Tout cela me gêne beaucoup car nous perdons la valeur réelle des choses, des petits plaisirs de la vie. Il faut aussi venir en aide aux opprimés, à l'autre bout du monde comme en France. Le sort réservé aux migrants en particulier me préoccupe beaucoup. Dans un pays riche comme le nôtre, ne pas être capable d'accueillir quelques centaines de milliers de personnes persécutées chez elles, c'est proprement révoltant et scandaleux. Il faut également lutter, encore et toujours, contre l'injustice sociale, la casse de nos acquis sociaux obtenus par la sueur et le sang. Sans oublier le combat pour la sauvegarde de notre planète. Beaucoup de jeunes ont saisi cette urgence climatique et c'est heureux. Si nous, à l'époque, nous n'avions pas pris conscience du danger qui menaçait l'Europe, si nous ne nous étions pas collectivement engagés contre le nazisme, que serait-il advenu ?

Cet ouvrage est composé de matériaux issus de forêts bien gérées certifiées FSC®, de matériaux recyclés et de matériaux issus d'autres sources contrôlées.

Le Forest Stewardship Council® est une organisation internationale non gouvernementale qui encourage une gestion écologiquement adaptée, socialement bénéfique et économiquement viable des forêts de la planète. Pour en savoir plus, consultez le site www.fsc.org

FSC
www.fsc.org
MIXTE
Papier | Pour une gestion forestière responsable
FSC® C022829

Achevé d'imprimer en avril 2022
sur les presses de la Nouvelle Imprimerie Laballery
58500 Clamecy
Dépôt légal : mai 2022
N° d'impression : 203791

Imprimé en France

La Nouvelle Imprimerie Laballery est titulaire de la marque Imprim'Vert®